探讨中国发展之路
吴晓求
对话九位国际顶级专家

DIALOGUES BETWEEN WU XIAO QIU AND NINE TOP INTERNATIONAL EXPERTS

吴晓求 等著

王文 主持

尼尔·弗格森 对话吴晓求：金融与大国兴衰

杰弗里·萨克斯 对话吴晓求：中国与世界的70年——过去、现在和未来

罗思义 对话吴晓求：中国经济70年——为何常被误读？

卡斯顿·沃奈克 对话吴晓求：中国发展与亚欧时代

帕拉格·康纳 对话吴晓求：世界即将亚洲化吗？

克雷格·艾伦、达尼洛·图尔克 对话吴晓求：中美关系与贸易谈判——美国商界的观点

迈克尔·麦克福尔 对话吴晓求：中美关系的现状与未来

约翰·米尔斯海默 对话吴晓求：中国能和平崛起吗？

谢尔盖·格拉济耶夫 对话吴晓求：中俄等国能否打造一个不受美国制约的国际经济新秩序？

中国经济出版社
CHINA ECONOMIC PUBLISHING HOUSE
北京

图书在版编目（CIP）数据

探讨中国发展之路：吴晓求对话九位国际顶级专家／吴晓求等著．--北京：中国经济出版社，2020.3

ISBN 978－7－5136－6086－0

Ⅰ.①探… Ⅱ.①吴… Ⅲ.①中国经济－经济发展－研究 Ⅳ.①F124

中国版本图书馆 CIP 数据核字（2020）第 038926 号

责任编辑 贺 静

责任印制 巢新强

封面设计 华子设计

出版发行 中国经济出版社

印 刷 者 北京柏力行彩印有限公司

经 销 者 各地新华书店

开　　本 710mm×1000mm 1/16

印　　张 12.25

字　　数 153 千字

版　　次 2020 年 3 月第 1 版

印　　次 2020 年 3 月第 1 次

定　　价 69.00 元

广告经营许可证 京西工商广字第 8179 号

中国经济出版社 **网址** www.economyph.com **社址** 北京市东城区安定门外大街 58 号 **邮编** 100011

本版图书如存在印装质量问题，请与本社销售中心联系调换（联系电话：010－57512564）

目录

CONTENTS

尼尔·弗格森对话吴晓求：

金融与大国兴衰

2018 年 4 月 27 日晚，中国人民大学重阳金融研究院第 33 期重阳论坛邀请到英国著名历史学家尼尔·弗格森（Niall Ferguson）教授来中国人民大学演讲，就“金融与大国兴衰”主题与中国人民大学副校长、中国金融学家吴晓求教授对话，双方围绕基辛格与中美建交、两国关系的过往与发展，以及特朗普时代下“中美国”（Chimerica）结构、传统文明与金融发展、金融体系与国际不平等等话题进行讨论。对话会由人大重阳执行院长王文主持。

主持人王文：女士们，先生们，大家好。周五下午 6 点半还有两百多人听对话会，我非常激动和感动。正如我的一位朋友所说，你的生活质量和品质的高低，最重要的一个指标取决于你的周末晚上是如何度过的。今天晚上应该是一场思想的盛宴，让我们用最热烈的掌声欢迎来自美国哈佛大学、斯坦福大学、约翰·霍布金斯大学三所大学的世界级学者尼尔·弗格森先生。我们也非常荣幸地邀请到中国顶级的金融学家、

中国人民大学副校长吴晓求教授。今天高朋满座，台下还有很多好朋友和精英人士。

今天晚上的对话会大体分为三个部分：第一部分有请尼尔·弗格森教授为我们作主旨演讲，第二部分有请吴晓求老师作一个点评，并且和尼尔·弗格森教授进行一场关于金融和大国兴衰的对话，接下来还有大概半个小时左右的时间，我们接受在座各位的提问和互动。下面我们有请尼尔·弗格森先生作主旨演讲。

图 1　尼尔·弗格森教授讲座现场

一、主旨演讲

尼尔·弗格森：谢谢，我非常荣幸出席今天的对话会。今天我会给大家介绍一个人物，这个人物对美国和中国之间的关系有着至关重要的作用，特别是在现代史中。

我发现学经济、学金融的人，花了太多的时间去探讨数据和模型，但是没有花足够的时间去谈论人性、人类。我是一个历史学家，不是经济学家，我想告诉大家，历史是由人来书写的，不是由模型和数据所形成的。只有把人物放到历史的背景当中，我们才能够真正体会到人对于历史进程的重要影响。

基于我对基辛格20多年的理解，我写了这本《基辛格：理想主义者》。基辛格有两本传记，15年前我读过他的一本自传，这是两本中的一本，我写了其中的另一本，我可能还会写第三本他的传记。今天我想跟大家分享一下他的人生故事。

过去基辛格经常会出现在《时代周刊》和《新闻周刊》的封面上。他出现的频率超过了历史上这两本杂志的任何一位封面人物。他的表情永远都是非常轻松的。我觉得很少有其他国务卿获得过这样一种广泛的报道。

特朗普总统不喜欢除了他自己以外的任何人在封面上出现。基辛格作为这样一位名人，让人尤其感觉惊喜和意外。他还是一位非常谦虚的人。他1923年出生于一个德国小镇，那年在德国出现了非常严重的通货膨胀，遭受了非常严重的经济危机。在他10岁时，德国出现了剧变。所以基辛格儿时经历了德国现代历史上一段比较长的黑暗时期。1938年，因为受到迫害，基辛格一家移民到了美国。当时基辛格是15岁，他的身份是一名难民。但是他的成长经历将他塑造成后来美国的国务卿，这是一个非常传奇的故事。

我的书中有很多照片，我花了很多时间来搜寻这些照片和记录。值得一提的是，基辛格29岁时穿着美国军装再次回到德国。他加入了美国军队，经过基本的军事训练，然后就被派到了欧洲。他清楚地看到德国当时经历的那些痛苦，尤其是盟军对德国的轰炸，是对当时纳粹的一个惩罚。

如果在美国军队当中只是一个普通的步兵，在诺曼底登陆之后很有可能——也就是有30%的概率会被杀掉。德国军队非常擅长战争，而那些到了英吉利海峡，然后进行对抗的美国军人，他们的实战经验是比较少的，所以这时候基辛格可能没有办法再活着回到美国。但他又非常幸运，因为美国军队注意到了他，注意到他会说德语。如果想去占领德

图 2　尼尔 · 弗格森教授在重阳论坛作主旨演讲

国的话，这是一项非常重要的技能，所以基辛格就进入了情报部门，成为情报部门的一名官员。

战争结束之后，基辛格接受了他的朋友和老师的建议，申请哈佛大学，然后被录取，开始学习历史学。当时他一开始是一名本科生，他的理想是成为一名年轻的教授，教授欧洲历史这门课程。

基辛格并没有采纳其他人的建议去学习像宏观经济学、核战略博弈论和体系论等这些当时流行的课程，而是学习 19 世纪欧洲的外交历史。这一阶段的学习为他从政作了相应的准备。他不仅仅了解 19 世纪欧洲的外交历史，同时他对当代的一些事务也非常了解。当时教授们是非常希望能够经常上电视的，基辛格在 1957 年就成功实现了这一目标。当时他写了一篇关于核武器以及外交政策的文章，声名鹊起。他提到如何看待苏联的发展和核武器的关系，也为政府提供关于外交政策方面的建议和咨询。后来在肯尼迪总统执政的时候，他也参与了当时的一场磋商和讨论，希望能够结束在越南的战争。在尼克松任总统时期，基辛格出任国家安全顾问，后来事实证明这个选择是非常明智的。这两位先生之间没有什么相似之处，背景差别非常大。然而他们却在大国战略上有着共同的热情，在外交政策上都非常大胆。通过合作，他们制定和部署的战略，让美国从混乱当中解脱出来。

曾经有一段时间，苏联看似可能会赢得冷战。在 1969 年的时候，整个事件发展似乎比较趋向于苏联胜利：美国在越战中失败，苏联在中东和拉美都处于获胜的态势，看起来苏联的意识形态会一直占据主导地位。但是在尼克松和基辛格的努力之下，他们作出了一些非常大胆的战略改变，这些变革是之前从来没有过的。在这个变革中，最核心的部分就是美国和中国之间关系的变化。可以说，基辛格最主要的成就，就是实现了中美关系的重启。这是如何实现的呢？这个过程是非常富有戏剧性的。1971 年，基辛格秘密地从巴基斯坦飞到了北京，同时见到了周恩来总理。他们两人之间的对话将会影响地缘政治关系，同时也为后来的一系列事件奠定了基础。

1972 年 2 月，从尼克松总统落在中国土地上的那一刻开始，他的总统安全护卫就把基辛格拦在了后面，所以尼克松就有这样一个机会——在没有基辛格的情况之下拍了和周恩来握手的照片。尼克松非常担心这一重要成就被基辛格“窃取”，而实际上基辛格是成就两国关系重启最关键的人物。

二人握手大概一周之后，《上海公报》发表文章，以非常感性的语调说“这是国际关系的再次重启”。我们可能认为这是正常的事件，但是我想告诉大家，这是非常难以做到的事情。中国当时处在“文化大革命”中，美国处在反战情绪当中，这是一个非常不稳定的局势。正是有了这样一个新的美国和中国之间的安排，两国的政策才在一个全新的历史局面中打开。

后来中国实施经济改革，中国经济崛起彻底地改变了世界格局。这是一个新的历史篇章，我把它叫作“中美国”（Chimerica）。11 年前我第一次使用“中美国”这个概念，是在为《华尔街日报》写的一份专刊上。中国加美国占了全球 30% 的土地、1/4 的人口，可能有超过 1/3 的全球产出量，有超过全球 2/5 的增长，所以“中美国”是最重要的全球经济体。“中美国”的经济由两个对立面所构成的：一方面是出口，另一方面是进口；一方面是省钱，另一方面是花钱。

“中美国”成为一个全球经济增长的“钥匙”。2008—2009 年全球金融危机，中国的 GDP 与美国相比不断增长，基本上没有受到太大的影响，无论用什么样的方法计算——用 PPP 也好，或者用美元的计量方法来算也好。在危机期间，“中美国”拯救了世界。“中美国”在一种非常严苛的条件下存活下来，是因为它们能够协调刺激经济的方案。这也是为什么全球经济并没有进入一个大的衰退当中的原因。

危机之后，中国的盈余在下降，而美国的赤字也非常庞大，一些评论家，包括西方的或中国的一些媒体认为，中国买了美国的债券，其实就是一种杠杆的行为。有这样一幅漫画：“金融危机时，中国的海军威胁美国军舰，说你要是不开回去，我就直接把我们买的国债全抛了。”但是我很怀疑这样的情况是否会出现。

最后来看看“中美国”的现状。中国和美国之间的关系经历过一些起伏，在金融危机的时候，又受到了一些影响，但是没有受到太大的影响。此次特朗普针对中国的贸易摩擦，早在布什以及在奥巴马当政时就已经存在，他们也都对中国的商品加征过关税。奥巴马在第二任期时也开始遏制中国的发展。最后我认为，美国使用贸易摩擦对中国施压，但双方都不希望进展过快，因为大家都承担不起它的后果。“中美国”能够作为一个整体，就像 2008 年的危机一样，平安渡过这次贸易危机。

“中美国”之中是有一些根基的，这些根基是从 1972 年就建立起来的基础，当时有很多的战略视角，尤其是来自基辛格的视角。基辛格马上就要 95 岁了，他应该也不希望看到中美关系的后退，所以我也是代表他，希望中美之间的关系能够越来越好。

图 3　王文院长主持对话

二、点评演讲

主持人王文：谢谢尼尔·弗格森先生刚才用 30 分钟左右的时间讲述了早期的基辛格的成长、成功，并且通过基辛格的视角讲述了他作为一个重要的、伟大的冷战时期的人物，去影响和塑造中美关系，进而拯救了世界的故事。今天的主题是“金融与大国兴衰”，我们经常讲，金融就是配置资源的能力，基辛格作为一个美国 20 世纪，乃至 21 世纪初的伟大人物，无疑是配置世界资源的非常重要的人物。我们刚才从历史的角度讲述了基辛格本人和世界历史的关系，那么，从金融学家的角度，又是怎么来看待基辛格，怎么来看待中美关系，怎么来看待大国的兴衰的呢？我们用掌声欢迎吴晓求教授为我们演讲。

吴晓求：尊敬的尼尔·弗格森教授，各位来宾，各位朋友，首先我代表中国人民大学非常欢迎哈佛大学著名的历史学家尼尔·弗格森教授来中国人民大学发表演讲。刚才我认真听了他的演讲，他的演讲主要是分两段。

一段是向大家介绍基辛格博士的成长历史。在中国人民眼里，基辛格基本上是家喻户晓的人物。除了马克思、恩格斯以外，有两个外国人很重要，一个是白求恩，另一个就是基辛格了。作为美国重要的政治家，他之所以为中国人所熟悉，甚至是喜欢，是因为他用他睿智的思维和政治家的敏感，开启了中美关系正常化。

当然，中美关系的开启，除了基辛格以外，还有尼克松总统，还有我们毛泽东主席、周恩来总理等的功劳，他们都是中美关系的缔造者。

尼尔·弗格森教授第二段主要讲到今天的中美关系，尤其是变得非常重要的中美的经济贸易关系。他创造了一个词——“中美国”。“中美国”这个词实际上非常巧妙地表达了中国和美国的密切关系——相互合作、不可缺少。从各种经济数据、图表里面都可以看到，中美之间实际上是相互依存、相互发展的。

当今世界，中美两国关系是最大的、最重要的双边关系，这种大国关系超过了当年美苏的大国关系。当年的美苏关系更重要的是一种军备竞赛，是一种对抗，是一种冷战，是一种势力范围的划分，而今天中美关系更多的是合作。在合作中，特别是在经济、贸易方面，由于发展的差异、国情的不同，以及对有关规则理解的不同，难免会有摩擦，这个摩擦在我看来是非常正常的，并且经济和贸易摩擦的解决只有通过协商商达成互利，而不是强买强卖，也不可能只有一个国家受损、另一个国家受益。

另外，有一点是可以肯定的：中国只会朝着更加开放的方向发展。中国人在40多年的改革开放中体会到了开放对于中国的意义，特别是加入WTO之后，我们已经深刻意识到开放意味着中国的强盛，闭关锁国只会导致没落。习近平主席也在2018年博鳌论坛上专门谈到了中国的开放，以前所未有力度的对外开放，包括四个方面的全方位开放：降低汽车关税、降低和消除汽车领域的投资限制、降低对金融领域和金融机构的控股权的限制等。

所以我想我们两国应该塑造一种新时期的大国关系。在大国兴衰的漫漫长河中，经常会出现所谓的“修昔底德陷阱”，我们当然不想看到。

三、嘉宾研讨

主持人王文：尼尔·弗格森教授的书大概有10部都翻译成了中文，我全都读过，书中大量讲述了个人对历史、文明、帝国的作用。《基辛格》这本新著又被翻译成了中文，实际上您还是从一个伟大的、特殊的个人角度去讲述他对大历史的看法和改变。吴校长的书我也大多数读过，而且读得很认真。吴校长在30年的资本市场研究中，非常强调制度的作用、机制的作用。所以，今天在场的两位大学者，一位非常强调个人的作用，另一位非常强调制度的作用。今天都共同讲到中美关系，中国外交部发言人都讲了，中美关系正处在“十字路口”。“十字路口”的含义就是：一方面可能会变得越来越好，例如，今天看到越来越好的信息是朝鲜和韩国两位领导人在三八线上见面，商定争取在年内宣布结束战争状态，这是一个对中美两国来讲非常好的信息。在某种程度上，朝韩的博弈背后其实就是中美的博弈。当然还有糟糕的信息，就是特朗普在贸易问题上屡屡挑衅中国。所以，首先请问两位教授，中美关系未来如果要朝一个积极的方向去走，是要呼唤基辛格一类的人物出现，是人的作用重要，还是中美之间要构建出更强大的机制作用更重要呢？

尼尔·弗格森：我不希望大家认为是保罗·肯尼迪在这儿发言，我就讲几句，就是大国兴衰的交替。我为什么要选择基辛格这个人来研究呢？冷战为什么以这样的结局而结束呢？研究历史的一个好处在于历史的艺术有的时候会柳暗花明，这也是为什么有的时候这个结果会让人失望或者会让人非常惊喜。

现在的美国同样面临危机，美国人在谈论特朗普时有一种深深的绝望，或者说是因为国际秩序的重组，同时很多人认为未来将进入一个“中国世纪”。其实我觉得这些不同的观点有点开玩笑的意思，特别是对于未来的发展路径，如果我们能够从50年的历史当中学到什么的话，那么就是说历史永远不是直线前进的。我的感觉是中国不会掌控所谓的全球大权、成为所谓的全球大国。

在我看来，特朗普的外交政策比奥巴马的要优秀。朝鲜和韩国之间实现首脑见面，在奥巴马执政的时候没有发生，也没有迹象发生，为什么特朗普执政的时候发生了？第一，特朗普说可能要动武；第二，他和一些其他安理会成员国对朝鲜施压，同时他还有很多激进的评论。因此，大家认为朝鲜和韩国之间的关系，其实都与特朗普的一些政策有关。尽管特朗普是一个“破坏性”的人，但是他在逼迫这个世界思考大国之间的平衡。我判断美国和中国之间谈判的结果有可能要比我们现在期待的要更好一点。

吴晓求：我讲两个意思。第一，一个国家走向强盛，金融只是一个手段，科技、法制等价值体系的构建非常重要，当然更重要的是教育。教育对一个国家、一个民族竞争力的提升是根本性的。为什么美国在长达一百年的时间里有这么强的竞争力？因为科技、人才、金融，其实质是教育。美国的大学排名排在前列的至少占到全球的一半以上。所以，中国在构建世界性大国的时候要特别重视教育。

第二，构建一个什么样的全球新秩序或者说新的平衡，我觉得的确需要认真思考。中国的崛起不会有任何问题。一个大国的崛起会对二战以来所形成的秩序、利益结构，甚至包括人民的心态带来重大的挑战。要客观而现实地看待一个新的大国崛起对全球带来的新价值、新希望。

这里不是说全球会马上进入“中国世纪”，中国面临的困难还很多。我们国家的发展还很不平衡，还有大量的问题要处理，包括环境污染、核心技术等。

中国经济发展最重要的靠两个：一个是制度优势，就是改革开放40年来，我们走了一条适合中国特色的、中国国情的市场经济道路。二是中国人的勤奋。所以制度加勤奋创造了我们今天的财富。但是我们要再进一步往前走，光有这两条就不够了，我们必须建立新的人类价值体系。这个价值体系既继承了我们过去人类文明史上那些被认为非常有价值的内涵，又有中国人的一些新发明。我认为其中最重要的，就是我们现在在国际关系事务中所倡导的“人类命运共同体”。相比较这个优先、那个优先，“人类命运共同体”显而易见更能够代表未来的价值观。它强调的是一种互利互赢，不是说只有我一个人得利而别人不能得利。我不认为只有一个人得利，这个世界就能够平静。我个人认为，世界的不平静来源于自私自利，来源于个人、一个国家的利益高于其他所有的利益。如果这样，这个国家、这个世界肯定是不平静的。

我高度赞赏、高度支持习近平主席所倡导的这个新理念。一个价值体系的构建是我们所追求的。在国际关系事务中，在全球秩序的构建中，任何一个国家，无论大小，都不可以凌驾在他国之上，无论是权力还是利益。因为只有这样，全球才能达成一个平衡。如果没有一个均衡的架构，世界到处就会很乱。实际上，我认为大国有责任维护全球共同认可的秩序。

什么叫大国？大国要承担更多的责任，对全球的稳定、发展承担更多的责任，从某种意义上说，它要更多地付出。作为一个大国，不能够只是为了更多地崛起，为了得到更多的利益。如果这样，那就不是大国。当然，中国在积极参与全球新的秩序构建，但是我认为，美国在未来相当长的时期内，仍然有非常强的竞争力。我们在很多方面要向美国学习。所以我想说的是，实际上我们没有这个意识说我来构建全球的秩序，我认为二战以来有一些非常重要的架构，包括 WTO 的规则。二战以来维护全球贸易市场秩序最核心的内容，就是贸易自由化、经济便利化、经济全球化。

2001 年我国加入 WTO 之前，美国、欧洲、日本也是这“三化”的倡导者。我们中国人当时非常忐忑，如果贸易自由化、投资便利化、经济全球化，我们的民族工业怎么办？过了十几年，中国领导人和中国学者成了这“三化”的最坚定的维护者。

当然，随着时代的变化，有一些是需要调整的，包括国际金融组织的架构、国际金融组织的份额。比如 IMF 的 SDR 的份额要调整，因为中国在其中的作用在日益加强，如果人民币在其中没有发言权，这不符合当前的实际情况。从这个意义上说，中国是全球秩序有益的建设者，中国未来也会承担这样的角色。

主持人王文：特朗普总统这些年，刚开始中国人对他印象非常好，过去几个月他在中国的形象变差了，我想问您一下，您认为他的对华贸易政策和遏制政策会成功吗？还能够继续保持“美国优先”这样的优势吗？

尼尔·弗格森：我在这里并不是代表特朗普政府发言的。奥巴马在第二任期的时候也开始去讨论遏制中国的发展，当然在一些战略性问题上，双方也有一些摩擦，比如关于中国南海的问题。奥巴马和特朗普之间的一些差别其实也是比较大的。其中有一个很重要的领域，就是特朗普他会以做生意的方式思考问题。他希望能够简化外交政策，而把外交政策认为是一系列的像做生意一样的交易。从某个角度来看，也有一定的好处，就是促使我们在比较短的时间内达成一项交易。我觉得这也是特朗普发起“贸易摩擦”的一个出发点，就是他希望能够在这场“贸

图 4　吴晓求教授作点评演讲

易摩擦”中达到自己的目的；或者在朝鲜问题上，也是希望自己能够在这个过程当中扮演重要的角色。

马克·鲁比奥、希拉里·克林顿、西方媒体及大多数美国人都低估了特朗普。尽管特朗普不是学者，在自我控制、自我管理方面也不是很擅长，但他拥有非常强大的直觉，能够很好地洞察到自己对手的弱势。

现在，特朗普已经掌握了一定的权力，比如，尽管欧洲一些国家也不满特朗普，但双方还是要进行非常好的沟通。特朗普在伊朗进行核谈判的时候讲过，美国上一任总统跟他们谈得不好，但沙特是我的盟国，所以我们以这种方式来和伊朗谈判；他也和金正恩讨论过让朝鲜停止核试验。所以大家要知道，特朗普其实在谈判上有自己的优势。在贸易方面谈判的进行过程当中，有一个众所周知的事实，那就是国际贸易系统其实是比较有利于中国的；中国也已经也作出了非常重要的一些让步措施，比如进一步开放金融领域、降低汽车关税。这些措施表示中国了解这些系统和体制可以作为中国的优势。当中国加入世界贸易组织的时候，中国还远远不是世界第二大经济体，但是现在中国在某些方面甚至算是最大的经济体。所以我们必须重新审视一下世界贸易体系，尤其是中国加入 WTO 时的体系——对现在而言，看起来是有一些过时了。这不仅仅是说这是一个比较好的时机来审视一下这样的体系，而且是说我们可以重新观察有没有什么合适的新的体制，因为 WTO 成立时间很长了。目前，我的观点是，在几个月内，中国和美国之间在贸易上会达成一些新的统一的观点，这将会是一种平衡和进步。

从历史的角度来看，如果美国坐视不管，让中国发展成为世界第一，这是不太可能发生的。但是，我觉得中国和美国之间不会产生战争，甚至“贸易战”也不会。我觉得双方会重新评估一下双方彼此的关系，尤其是随着周围环境的不断变化。因为中美双方不仅经济方面实力相当，未来在军事方面也会实力相当。中国也是唯一能与美国硅谷媲美技术创新的国家。在过去，从来没有哪个国家在这么多方面与美国处于实力相当的地位，苏联也只是在核武器上与美国相匹敌。

在保罗·肯尼迪写《大国兴衰》一书时，他认为，在 1987 年日本和西德可能会超过美国，但是这样一种观点实际上是错误的。因为美国也是非常地努力，美国不断地创新并通过移民政策引进人才，所以我们不能够低估美国。大国之间的平衡是我们所追求的，我们也要不断地思考，这种平衡是如何达到的。为什么我对基辛格的人生感兴趣呢？因为他是真正研究 1850—1940 年大国之间平衡的人。我们有很多的共同利益，我们也在追求一个更加平衡的、更加公平的全球贸易系统。这种大国之间的平衡，符合每个人的利益，是每个国家所追求的，包括美国和中国应该一起合作，寻求这样的平衡状态。

主持人王文：尼尔·弗格森教授给我们提供了新的视角来理解特朗普，这些我们在很多西方媒体、美国媒体中好像没有看到过。吴老师您同意他对特朗普的高度评价，以及对中美之间共同利益的预测吗？

吴晓求：首先，特朗普确实不简单，原来最不被看好，后来却成功入主白宫，这一定有他的不平凡之处。我也是慢慢意识到，有时候他的行为背后有很多的想法，例如，他的 Twitter 内容非常多，经常半夜发；一会儿特别热情，一会儿又特别不客气。我认为他不简单，我们需要认真研究。

其次，中国也不简单，因为中国人有很多的智慧，中国人最大的智慧是以不变应万变。因为推动中国发展和改革开放的基本方向没有变，任何时候都不会变。所以我相信 5 年以后再来看，中国在制造业、贸易以及金融领域都会大踏步地开放。

今天的中美关系和以前的苏美关系不一样，苏美关系基本上是博弈，势力划分，只有相互威胁。中美关系的经济互补点非常多，中国人生产了大量的价廉物美的商品销到美国、全球，提高了全球的福利水平，而美国大量的核心技术、农产品也是中国喜欢的。

就中国的工业体系来说，中国是世界上工业体系最完整的国家，甚至比美国还完整，我们从最原始的、最基础的工业，到最高端的工业体系都有，美国的工业体系中间环节还是缺一点点，相对初级的少一些，都是非常高精尖，都是高水平的，中国是高水平到低水平全有。

国际贸易建立在分工基础上，只有分工才最有效率，中美两国在分工基础上优势互补，所以我希望两个国家的关系朝好的方向发展，因为这有利于两个国家的人民。高关税意味着美国人以后买中国的产品要付出更多价钱，也不利于两个国家、全球经济发展以及两个国家公民生活的改善，所以只有合作才有共赢。

四、观众提问

观众一：尊敬的尼尔·弗格森教授、吴晓求教授，你们好，请问中国能不能“大国金融崛起”？乡土文化和契约型文化的冲突在崛起过程当中是怎样的？

观众二：请问您是否认为金融是造成今天全球不平等的主要原因？有没有手段可以防范？中国在防范金融系统性风险方面，您有没有什么建议？

观众三：您怎么看待人民币国际化的问题？

尼尔·弗格森：我一个一个来回答。第一个问题，首先，金融创新是历史发展和进程非常重要的推动因素。世界的经济发展和金融创新，以及大范围的技术进步、技术创新之间是有非常紧密的联系的。关于中国未来的金融市场会是什么样的状况，我觉得可能会存在一些分歧。中国现在已经是一种金融化的国家了，比如有以市场为基础的金融体系和银行体系，很多的金融机构也在不断地成长。在这个过程中，经济体将会成为非常重要的一种金融力量。中国的政策将会越来越开放，这也会推动中国成为一个金融大国。

西方和中国金融体系之间有很多互补的地方。中国经济需要进一步储存、储蓄，美国又希望进一步进入中国市场。我觉得尽管现在有一些摩擦和冲突，但两国之间的经济是互相交织在一起的。随着中国越来越开放，美国投资者也会进行多样化的开放，这是21世纪的一个趋势。

关于第二个问题，我认为世界上的不平衡和不平等状况不仅仅是金融推动的，国内的教育和技术等很多因素导致了不平等现象的加剧，金融是一部分，但不是主要的促成因素。

托马斯·皮凯蒂说，现在最大的误解就是世界不平衡现象在加剧，其实全世界的不平等情况是在下降的，下降的主要原因就是中国经济的快速发展。

我认为这种不平衡的下降是金融帮助了中国的发展，推动了人类的进步。中国能够发展的一部分原因就是允许技术转让、允许外来投资、允许利用自己劳工方面的优势，从而在过去30年中让大量的人摆脱贫困，并且形成大量的中产阶层。这样来看，金融推动了人类进步。

第三个问题，人民币的国际化是中国5年前制定的政策目标，但现在谈实现人民币的国际化，可能还为时尚早。伦敦银行曾做过研究，如果中国金融体系完全自由化会有什么结果？当时的预测是会出现大量的资金外流。在2015年的时候有过资金过度流通的危机。所以中国可能还需要花比预计的更长的时间来实现这一目标。

美元还会在未来相当长一段时间内处于主导地位，而且我们看到整个货币体制的变化比较缓慢。除非出现像英国货币在世界战争的时候经历的情况。

我认为技术能推动并且创造新的、快速变化的金融交互和融合的体系。中国现在经历这样的阶段，这也是一种振奋人心的变化和趋势。比如中国的在线支付和移动支付，就是一个非常好的创新。在电子商务和电子交易这方面，中国已经领先于美国。未来几年，其他国家能逐渐接受中国的金融体系的话，人民币的国际化进程将会加快。

吴晓求：尼尔·弗格森教授刚才说得非常好，他对中国金融的评价我是完全赞成的。我这里再说两个问题：一个就是金融和不平等，或者说财富分化的关系。现代经济如果没有金融，特别是现代金融，一定是落后的。因为金融最大的功能是孵化新的技术，通过分散风险、金融制度创新，让新的技术很快成为新的产业，成为推动产业的革命。产业的更新换代，这是金融以及金融创新所具有的特殊功能。

一般来说，金融创新比较好的国家，它的高新技术发展是比较好的，因为它给了高新技术以很好的风险分散能力，特别是对于大国来说，金融是其中突出的标志，所以不要忽略金融对大国竞争力的重要性。

另一个问题，金融会在一定程度上拉大国与国、人与人之间财富的分化。但财富的分化要区别是通过竞争得来的还是垄断导致的。竞争选择带来的财富的分化，是社会进步，也是效率提升的重要标志；如果靠行政体制、权力、垄断来决定人们收入的差异，这就是落后。

现代金融体系下，强国的一个重要标志，除了军事，很重要就是金融能力。金融能力在国家财富增长中起了非常大的作用，美国财富的增长是教育、科技、人才以及法制、体制等各种因素共同作用带来的，但毋庸置疑的是，金融对财富的增加作用是排在第一位的，如美元全球化，美元成为国际货币体系最重要的核心，在全球货币体系中占到65%的份额。当然，这种金融体制也使美国的产业升级换代加快了。

国与国之间要善于利用金融、理解金融，我们不能简单地把金融看成泡沫的制造者，也不能把金融看成麻烦的制造者、危机的制造者，我们要看到金融对国家极其重要的价值。

对话嘉宾简介

主讲嘉宾

尼尔·弗格森（Niall Ferguson）：著名历史学家，斯坦福大学胡佛研究所米尔班克高级研究员，哈佛大学欧洲研究中心高级研究员，哈佛大学历史系劳伦斯·A. 蒂施讲席教授，约翰·霍普金斯大学尼采高级国际研究学院迪勒-冯·弗斯滕伯格基金会杰出学者。弗格森共撰写了包括《战争的悲悯》《罗斯柴尔德家族》《帝国》《文明》《基辛格：理想主义者》在内的15部著作，其中《基辛格：理想主义者》曾荣获美国外交关系协会阿瑟·罗斯奖。2008年，根据其作品改编的PBS系列纪录片《货币崛起》荣获国际艾美奖最佳纪录片奖。2011年，其电影公司推出的首部长篇纪录片《基辛格》荣获纽约国际电影节最佳纪录片奖。弗格森荣获的其他众多奖项还包括本杰明·富兰克林公共服务奖（2010年）、哈耶克终身成就奖（2012年）、路德维希·艾哈德经济新闻奖（2013年）。除了每星期为《星期日泰晤士报》和《波士顿环球报》撰写专栏，他还创办了Greenmantle咨询公司，并担任董事总经理，并同时担任艾弗里资产管理公司（Affiliated Managers Group）的董事。他的新书《广场与高塔》于2018年1月在美国出版。

杰弗里·萨克斯对话吴晓求：

中国与世界的70年——过去、现在和未来

2019年3月24日上午，中国人民大学重阳金融研究院第39期重阳论坛在北京举行。“休克疗法之父”、哈佛大学国际研究中心主任杰弗里·萨克斯对话中国人民大学副校长吴晓求教授，主题是“中国与世界的70年：过去、现在和未来”。本次对话由人大重阳执行院长王文主持。杰弗里·萨克斯在对话中表示，特朗普总统的一个基本的观点就是：美国出现什么问题都是其他国家导致的，不是自己的问题。他让中国成了“头号替罪羊”，这种心态非常危险。

主持人王文：周五晚上发的公告，周日早上就有超过200位朋友来听讲座，可见大家非常热衷于学习。我想，这也是中国过去40年、过去70年能快速发展和快速崛起的最重要的原因之一。今年是中华人民共和国成立70周年，世界上学术界、舆论界的讨论还没有开始。今天这场讲座可谓关于新中国成立70周年讨论的一个非常重要的开端。

今天参与讨论的两位思想家：一位是来自美国的杰弗里·萨克斯先

生。1954年他生于美国密歇根州，学士、硕士、博士都在哈佛大学毕业，1983年，他29岁就成为哈佛大学正教授，此后他提出了很多经济学思想，很多书都被翻译成中文，如《贫困的终结》《共同财富》等。中国人对他最熟悉的一点是，他在20世纪80年代中期提出了“休克疗法”，很多关于苏联时代和拉丁美洲国家转型时期的改革方案，都受杰弗里·萨克斯教授思想的影响，当时他在全世界声名鹊起。他也拿过很多奖，《时代周刊》连续两年把他评为“世界百年最有影响力的人物”；《纽约时报》还评论他是“世界上最重要的经济学家”。现在他就差一个诺贝尔经济学奖，相信一定能实现，因为他的经济学理论太重要了。另一位嘉宾是我的老师、领导，更像我们的前辈，谆谆教导。更重要的是，他在中国非常敢于讲真话。他就是努力推进中国改革的经济学家、金融学家——吴晓求教授。

图1　王文院长主持对话

首先请杰弗里·萨克斯先生作主题演讲，之后请吴晓求教授作点评。随后他们进行20~30分钟的对话，剩下的时间接受各位的提问和互动。下面，我们有请杰弗里·萨克斯教授作演讲。

图 2　杰弗里·萨克斯教授讲座现场

一、主旨演讲

杰弗里·萨克斯：大家上午好！感谢主持人王文院长的介绍，也非常感谢大家愿意在周末的早上听我的演讲，我也非常期待这样的对话。星期日早上这么多的人来参加今天这样的对话，展示出了中国为什么逐渐在成为世界最具活力、最具创新力的国家之一。我相信，中国或者其他国家在发展过程当中积累的经验，都可以成为探讨的主题。历史发展进程中的每一个阶段都会有独特的挑战，这对于国家和世界来讲都具有重要的意义。所以，我会探讨在全球范围内所面临的挑战，尤其是关于可持续发展的挑战。对于全球来说，这是个关键性的话题，它能够帮助我们去定义一些基本的经济战略层面的话题。

1. **中美在可持续发展问题上有着相似性**

在经济发展的过程当中，经济增长、社会公正以及处于环境承载之内这三个元素之间的平衡是最大的挑战，也是所有国家所共同面临的挑战。中国和美国在发展过程当中所遇到的困难和问题有很多相似性。

中国在过去 40 年中取得了巨大的经济发展成就，带来了中国经济的繁荣，如今中国已经成为世界上最大的经济体之一。就经济规模来说，按照购买力平价（PPP）来计算，中国经济总量在5年之前就已经超过了美国。但是和美国一样，中国现在也面临两大重要挑战。其中一个挑战就是收入不平衡，有一些数据，如基尼系数就反映出了一点，这在美国也有类似的情况。如何保证经济的发展是公平的，能够惠及全国所有人，这是有待应对的挑战。

图3　杰弗里·萨克斯教授在重阳论坛作主旨演讲

第二大挑战是与环境相关的，因为中国经济的发展在很大程度上是以破坏环境作为代价的。中国的环境污染影响到的不只是中国本身，而是全世界，所以我想指出的是，可持续发展所面临的挑战并没有得到充分解决。

在美国，情况非常类似。美国算是一个富裕的国家，但不平等现象也尤其突出。社会底层的人都饱受疾病之苦，生活得不到保障，面临巨大的社会压力，甚至平均寿命都比较短。而与此同时，美国又面临非常严重的环境污染问题，特别是美国在气候变化方面产生的影响巨大。

所以，中美两国在面临的挑战上有很多相似之处。从这个角度来说，中美双方可以实现互学互鉴，但是到目前为止，还没有看到一个可以明显借鉴的模式。我们必须要找到新的发展模式，找到新的发展理念，没有办法照搬某一个国家的经验，也没有一个现成的方案可以套用。

所以，现在需要面对的一个问题是，需要一个什么样的适合可持续发展的经济体制。

简而言之，我认为，需要在中国和美国都进行创新发明，要找到一种新的经济发展模式，走上可持续发展的道路。而这种模式历史书上没有，教科书上也没有，需要我们另辟蹊径。

2. 中美都首先需要能源转型

这种可持续发展的制度框架有哪几大特点呢？

首先，我们需要一种混合制的经济模式，有市场，也有政府。一定程度上需要市场经济作为驱动，但政府也要发挥自己的作用。中国已经是这样一种模式了，所以，中国在这方面有了一定的既有优势，但是也需要作出一些重大调整才能够让政府和市场更好地发挥自己的作用。

其次，可持续发展要求很多的结构调整、结构转型。首先，实现能源结构的转型最重要。原因在于，中国现在的能源结构是以煤作为主导的，但这种模式造成了严重的环境污染，所以，中国必须要实现能源体制的重大转型，而且速度要快、步幅要大，只有这样才能保证环境的安全与健康，真正应对气候变化。

能源转型要求减少煤、天然气等化石燃料的使用，更多地使用新能源，包括水利、核能、太阳能、风能，以及其他不会造成环境污染的一次能源。但问题就在于如何实现这一点。

在美国，对煤炭的依赖程度没有那么高，但我们对化石燃料的依赖程度比较高，我们的空气污染没有中国这么严重，但二氧化碳的排放量几乎达到了中国的1倍。所以我们两国的经济都需要重大的结构调整，实现真正的能源转型。怎样才能够实现呢？在我看来，一定要政府和企业都发挥自己的作用，政府一定要“搭台”，比如规划阶段就要为能源转型设立框架；与此同时，私营企业也一定要以创新的方式提供低成本的太阳能、风能等可持续能源作为基础解决方案，也就是说，公有部门和私营部门要各司其职。

3. 中国的规划非常有效，在这一点上美国有劣势

我们面对的建制方面的一个现实是，需要进行长期的规划。其实中国的规划一直都是非常有效的，而且大家也已经知道，中国正在制定“十四五”规划。但规划制定只是以 5 年作为周期的，而整个能源转型可能涉及的是未来 20 ~ 30 年的长久大计。所以这也是我们在整个机制层面需要考虑的，即需要什么样的机制框架才能够真正带来结构性转型。

美国并没有非常完善的全国层面的规划程序。在华盛顿，美国的联邦政府并没有中国的发展改革委这样的规划部门。如果说华盛顿在作什么规划的话，肯定会有人提出质疑，会觉得这种做法是不对的。但我们需要调整美国人民的心态，告诉他们，为了实现可持续的发展，是需要具有前瞻性的规划的。而美国人的一个劣势和弱点就是，他们都有点理想主义，认为政府就不应该作任何的规划。实际上，没有这种规划的话，我们不可能为结构转型作好准备。

4. 可持续性发展需要实现“六大转型”

我们在研究可持续发展这个问题的过程当中，我们指出“六大转型”是必须要实现的。只有实现了这“六大转型”，我们的社会才能够走上可持续发展的道路。

刚才我已经提到了一点，那就是实现能源的转型；第二个需要实现的转型是，土地使用的方式必须实现转型，我们要更好地保护水体、土地、土壤、森林和生物多样性，因为大部分国家并没有持续的土地使用战略，至少现在没有。中国正在制定这样的战略，但在过去 40 多年当中已经出现了非常严重的污染，导致了大部分的河流、海岸和土壤都受到了污染，污染程度在世界上是比较高的，这对此方面的转型是一个重大的挑战，不仅对于中国，而且对美国来说也是如此。

第三个转型中的挑战，就是高质量的教育，同时要达到更高素质的教育。中国有非常坚实的教育体系和系统，有知名的大学、非常棒的研究员，还有更多在教育方面的努力。所以，中国在全球教育中是发展最快的。中国已经达到全球高质量的发展水平，可以和美国并肩，这是让人非常高兴的事情，因为这不仅可以推动经济的发展，同时可以带来未来技术的解决方案。创新研发机构一方面有市场主导，另一方面有政府驱动。在我看来，一个创新的生态系统是由政府和私营部门共同主导的。

第四个转型，关于医疗卫生和全民健康。我们相信良好的全国医疗卫生条件很有必要，尤其在面临老龄化社会时，我们需要有一个良好的医疗卫生的生命周期服务。中国现在正在应对这个问题，和美国一样。中国有不同的城市、不同的卫生部门和机构。有一些卫生部门的领导告诉我，改革是不可能的，因为这个体系太复杂、太庞大了。医疗卫生，包括高质量的生活方式向着更良好的服务提升是个挑战。因为我们现在的生活方式不够健康，走路不够，运动不够；同时，我们的饮食结构也是越发不健康。中国是这样，美国也是这样，大量的肥胖人群对我们来说是个警醒，因为成年人口 40% 都在肥胖线以上。很多中国孩子也有发胖的趋势。为什么会这样？最主要的是缺少运动和健康的饮食习惯。当 1981 年我第一次来中国的时候，每个人都骑自行车，没人开车，那时候的中国人看上去比较瘦，当然，吃的也不太好。现在时代变了，自行车还是有，但不像以前那么多人骑了，现在的中国人也开始吃美国餐。

第五个转型，建立可持续发展的城市。中国基本上城市化了，40

年前中国大部分地区都是农村，但现在中国达到了60%的城市化率，在21世纪中期很快能达到80%、90%，这样就有很多的就业机会，大量的人要进入城市当中。问题是中国要建立什么样的城市呢？有一点毫无疑问，在100万人口以上的150个城市中，需要更多人性化的设计，让城市变得更加宜居。一个城市应该有清洁的水源、清洁的空气、令人愉悦的公园，我觉得现在一些城市可能还没有达到这一水平。因为很多中国的城市开发都是在过去40年当中迅速完成的。城市发展催生出了大量的汽车和堵车，而没有非常绿色的发展，也没有更多的公园在城市中出现。就我的个人体会而言，在北京散步是很难的，在其他一些城市的路上想要安静地走几分钟都是个问题。

在曼哈顿居住的我们是很幸运的一群人了。曼哈顿是非常不错的、适合散步的城市，因为在1811年，也就是200多年前，有一群城市设计师很好地设计了曼哈顿大街。他们提出了一个联系得非常密切的计划，让整个曼哈顿的大街适合散步。这种网格的设计在200年以后被证实成为他们所说的城市发展的趋势。现在，曼哈顿的北部是这个城市的中心，在这里有一个巨大的中央公园，这个中央公园是受保护的区域。纽约人想要赚钱，想要开发房地产，即便如此，这个公园在150年内也没有人动过，我就住在公园的边上，基本每天都要到公园里散步。所以，我只需走几个街区就可以远离城市的喧嚣。我们要保持身心健康，就需要公园，提升我们的生活质量也需要这样的公园。我认为，城市设计是非常重要的，这不是由市场主导的活动，必须由人来完成，因为城市就是由人所规划的网格设计。

第六个是数字化社会的形成。中国实际上已经是互联网最普及的国家之一，中国也在告诉别的国家，如何有效使用微信，如何通过手机来付款，一切都在电子化，这都是由中国引领的。我们开发的数字系统要在有利于人民的同时，还能够保护人民的隐私、提供更好的服务，也能增强人与人之间的联系。

我们需要有足够的技术和能力来解决贫困问题，确保每个人都可以获得医疗、教育、清洁的空气、可再生能源等资源。我们到现在为止还不能说已经完成了以上这些目标。中国没有完成，美国更没有完成。我认为，这是一个非常巨大的挑战。

5. 金钱主导的美国不关心可持续发展

在美国，要从一种完全资本化的经济模式进入可持续化的经济模式是非常难的，为什么呢？因为这个国家处在受金钱主导的权力结构之中。赚钱是首要的任务，这样一种考虑已经超过了对可持续发展的关注。因此，在美国，我们忽略了对环境的保护，忽略了气候变化对人类的影响；同时，也忽略了经济和平等之间的关系，因为美国的政治体系，至少现在还是主要由有钱人或有势之人主导的，而不是平等、民主地由每个人所决定的，这对我们来说是巨大的政治层面的挑战。

特朗普政府可能是我们有过的，在历史上最糟糕的一届政府，因为总统完全不在乎我刚才讲到的这些信息，但他手上有这些权力。他会考虑现有主导人士的利益，包括污染者、制造者和有钱人。所以，这是来自政府层面的挑战，至少我自己还在不断地努力，希望能够在未来看到一个不一样的政府，2020 年就要进行大选，政府是否转向可持续发展，而不是让亿万富翁变得越来越有钱；同时，这还会影响整个气候的变化，因为这是特朗普不太支持的一个事业。这是政治层面上的巨大挑战，也是经济结构上的挑战。

现在出现了问题，我们如何找到钥匙来解决这个问题？世界上每一个国家都应该以各种各样的方式在结合了增长、平等和环境“三合一”的经济层面进行合作。对我们来讲，其中一个优势是所有的政府，包括美国政府都在 2015 年就接受了“可持续发展”的理念。其他 191 个在联合国体系之下的国家，全部都采纳了可持续发展的目标。我们在促进繁荣、推动平等，以及促进环境可持续发展方面总共有17个要达到的SDG目标。然而，尽管一些政府采纳了联合国的目标，不见得它们就会为了实现这个目标而采取相应的行动。美国政府现在就对这些可持续发展目标完全不关注，特朗普总统有很多其他的工作，他可能更关注Twitter。所以我们希望新一届的政府能采取不同的措施。

6. 美国的老大心态让中国成了头号“替罪羊”

从原则上说，现在面临的挑战是世界性的，各国应本着这个目标一起来合作，而且通过合作，我们能做很多来共同加速进步，真正地实现能源消费中的零碳排。事实上，一个国家对另一个国家提供支持的方式可以是多种多样的。但是现在美国正在对中国发动经济方面的攻势。好在到目前为止也没有造成太大的影响。

在美国，政治领导者的心态就是，美国应该永远都是全球老大，他们觉得只有这种方式世界才能公平。当然，这是一个误解，而且完全是出于自私的心态。基本上每个国家都会觉得自己好，如果一个国家已经是头号强国了，就觉得自己应该永远是强国。美国在世界头号强国的位置已经有50年了，这就导致了美国人的心态是“我们始终应该是世界第一”，不应该受到挑战。当1991年美苏冷战结束、苏联解体成15个加盟共和国之后，人们认为至少在未来几代人的时间内，在经济上美国是不可能再受到挑战的。后来，对于美国的政策制定者和美国公众来说，看到中国的快速崛起还是比较惊奇的，中国经济发展这么迅速、技术发展得这么迅速，这些都让美国人吃了一惊。

我个人的观点是这其实是件好事。这样我们反而多了一个合作伙伴，可以和中国一起共同解决很多难题，比如可持续发展问题、环境问题、减贫问题。但很不幸的是，现在大部分美国人的心态就是“妈呀，现在中国成了我们一大威胁了”，而且在媒体中，甚至有人把中国描述成美国的敌人。但这主要是心理层面的问题，并不是地缘政治上真正存在的现实。很少有美国人是真正来过中国的，大部分美国人并不了解中国，只有少数精英真正和中国有过接触。

所以，政策制定者就很容易说服民众，说中国现在是我们的敌人，特朗普总统就有这样的问题，因为他在自己的政治宣传当中，一个基本的观点就是：美国出现什么问题都是其他国家导致的，不是自己的问题。现在他让中国成了头号“替罪羊”，这种心态非常危险。

人们往往都会在内心划分阵营，非我即你，这种心态其实是比较危险的，但这种心态现在就存在着。因为如果美中两国关系出现敌对，有可能“擦枪走火”，甚至最终失控，就像冷战阶段美苏之间的关系，就是水火不容、势不两立，持续了大概 40 年。我们应该尽量避免中美关系走到这一步。

我希望，未来美中紧张态势缓解的一个途径，可以是中国在可持续发展方面发挥自己的领导力，成为明确的领导者，来解决世界的问题，帮助世界来应对一些重要挑战。在我看来，有一大领域是中国可以发挥领导力的，那就是“一带一路”倡议。通过“一带一路”，中国希望和亚洲、欧洲合作，来建设现代化的基础设施，加强互联互通，这是一个很好、很高尚的倡议，但在实施过程中一定要得力，项目的设计和落地一定要做得非常好。不能说一个项目最后做到一半就破产了，到最后没有办法保证服务的质量。

“一带一路”倡议在落实过程中应做好可持续发展的示范，如中国和邻国进行能源体制转型，不要再大力发展煤电，不要再兴建天然气管道，而是大力发展风电、水电、太阳能发电等清洁能源。中国会使用自己的先进技术来帮助“一带一路”沿线国家降低污染，以更可持续的方式使用土地，获得高质量的数字技术服务。如果真正能够实现的话，我相信将会让全世界清楚地看到中国的崛起，不仅是因为中国人努力、勤劳、智慧和省钱，而是因为中国也是一股正能量的传播者。而且在我看来，中国的崛起确实有利于世界。谢谢大家！

二、点评演讲

主持人王文：谢谢杰弗里·萨克斯教授刚才内容丰富、思想深邃的简短演讲。虽然只有40多分钟，但内容却横跨了人类的过去、现在和未来。他谈到我们面临“六大转型”，谈到中美关系，也盛赞中国发展，认为中国是未来可持续发展的全球领袖。我赞同他绝大多数的看法，但也保留一些我个人的看法。

中国走到今天，到底中国的学者是怎么看的呢？让我们用热烈的掌声欢迎吴晓求教授点评。

吴晓求：杰弗里·萨克斯教授是我年轻时就非常景仰的一位非常著名的学者，他1983年就在哈佛大学当教授，我1983年正在中国人民大学读研究生，所以他是我的老师辈的。

我刚才认真地听了他的演讲，坦率地讲，我非常赞同他的几乎所有的看法，他的演讲体现出了一位经济学家的人文关怀，以至于对社会的关心、对未来的期待，尤其谈到中美两国在未来共同面临的几大问题。

第一，公平问题。刚才我查了一下，中美两国官方基尼系数非常接近，美国提交给世界银行的基尼系数为0.46；中国国家统计局公布的基尼系数一般在0.46~0.47，也就是说，两国从官方关于贫富差距的统计数据来看是很接近的。一般说来，超过0.4就意味着出现了比较严重的贫富差距，过了0.5到0.6就可能会出现某种危险。

第二，环境问题。中国的环境挑战大于美国，因为中国的发展相对落后，中国的能源结构都是以煤炭为主体的，煤炭对环境的污染是非常直接的。中国经济发展，虽然40多年来取得了巨大成就，但我们也付出了昂贵的代价，就是环境被严重破坏。我们未来要花很长的时间才能弥补这个代价。

第三，创新挑战。可持续发展最核心的是创新能力，一个国家的创新能力决定了它的经济可持续性，中国在过去40年，高等教育做出了巨大贡献，培养了数以百万计的工程师，使我们在相对比较短的时间内完成了工业化的过程。同时，中国也培养了一大批懂得中国国情的经济学家，他们认真设计好了中国每一步的改革方案。当然，现在我们面临更加艰难的挑战，对于中美两国来说，创新都是很重要的，尤其是教育。

第四，健康问题。健康和环境有关，尤其谈到了食品。

第五，中国经济发展的进度。到2018年，中国的GDP刚刚越过90万亿元人民币，美国2018年经济规模刚刚超过20万亿美元，按照现行汇率计算，中国的经济总量大概只是美国的66%～67%。当然，近百年来，我们人均GDP第一次接近1万美元，这是改革开放带给我们的一个巨大成就。

图4　吴晓求教授作点评演讲

杰弗里·萨克斯教授还谈到中美关系，我非常赞同他对中美关系的定位和判断，中国年轻一代，也包括我们这一代，整体上看，说向西方学习，其本质是向美国学习，我们推动的开放最重要的是对发达国家开放，因为我们要通过开放向发达国家学习经济发展的成功经验。中国人很善于学习，知道哪些东西对自己有利，学来之后再结合中国的国情进行创新，但基本的原理仍来自发达国家。我们构建市场经济的架构，推动中国金融的现代化，实际上不自觉地都在看美国是怎么做的。

过去40年，中国人虚心地向美国等发达国家学习，而且年轻一代多数都会选择去美国留学。两国有很友好的基础，之间不构成任何敌对关系，友好的竞争是正常的，朋友之间也会竞赛，但不要搞敌对性的竞争。如果是战略性的对手，那就要想方设法把对方搞垮。中美两国关系是最重要的双边关系，我对我们国家大的政策不了解，但我个人认为，如果让我来理解，中国对美关系应该成为中国对外关系的基石。因为中美关系搞好了，中国外部世界的环境就搞好了。

杰弗里·萨克斯教授还专门在他的演讲里体现出对公平的渴望，体现出对普通大众的情怀，这也是我非常喜欢的。他的演讲不仅仅是对过去70年的一种追溯，更是对未来长远发展目标的一种追求。我代表中国人民大学对杰弗里·萨克斯教授来到中国人民大学访问表示热烈的欢迎！

这段对话的主基调是中国与世界发展的70年：历史、现在和未来，定位在70年，主要是从1949年中华人民共和国成立到今年2019年是70周年。实际上从1945年二战结束以后，世界发展进程基本上从1949年、1950年开始进入新的阶段。从1950年之后，美国是名副其实的世界上最强大的国家，而且最重要的是，二战结束后，明确确立了以布雷顿森林体系为核心的、美元在国际货币体系中的基石地位。同时，二战之后还确立了联合国新的架构，也包括关贸总协定（GATT）、后来的WTO、世界银行、国际货币基金组织（IMF）。美国是当时世界上最重要的国家，领导并制定了这些规则。实际上，我个人认为这些规则对战后全球经济的繁荣和发展起到了很好的推动作用，规范了一系列的秩序。

当然，70 年后，我们发现这些规则有一些是需要修改的，因为世界格局已经发生了一些变化。我认为这也是理所当然的，规则不能一定就定几百年，因为全球格局变化了，应该反映不同时代各国的利益诉求。这里最重要的是传统大国的利益锁定得太厉害了。传统大国现在在全球的影响力并不是太大，但它锁定了它的利益，我并不认为这是恰当的。所以，对战后的规则进行适度的修改也是正常的，这也反映出我们国家的一些愿望和诉求。

这 70 年中，前 30 年我们走的是计划经济的道路，中国共产党建立新中国之后的确有如何建设这个国家的重要任务，我们当时对如何进行经济建设不太有经验，学习了苏联一整套做法。前 30 年我们实际上是在探索。后 40 年，我们实际上是进行了市场化改革的推进。前 30 年也还是有可圈可点的地方，包括 20 世纪 50 年代那 56 项大工程，对当时中国工业的现代化发展还是起到了非常重要的作用，奠定了中国现代工业的初步基础。不过，我们没有注重经济的规律，30 年了，老百姓、人民的生活还没有改善，大家还处在饥饿的状态。如果一个国家土地也肥沃，资源也很丰富，老百姓也很勤奋，都 30 年了，却还没有解决饥饿问题，那这个国家的经济体制是有问题的。

小平同志说“贫穷不是社会主义”，我们首先要把老百姓的生活问题解决。所以，如何解决饥饿问题成为当时那一代领导人的最重要的任务。小平同志领导我们进行了市场化改革。小平同志第一个出访的国家就是美国，他到美国进行了系统的考察，最后发现要推动市场化改革。

刚才我专门问了杰弗里·萨克斯教授，对中国的改革怎么看，他说非常非常成功。中国有两点必须坚持：一是坚持市场化改革，其核心就是如何正确处理政府和市场的关系。只要重视民营经济的发展，实际上就是在朝着市场方向推进。这个方向始终是没有变的。第二个坚持就是坚持中国的开放政策不变。中国的开放是渐进式的开放，中国的改革也是渐进式的改革。我们的改革有两条途径：一是"休克疗法"，这是杰弗里·萨克斯教授确立的，这个体系有它的意义；二是渐进式的改革。我们走的是渐进式开放的道路。对外开放是中国经济成功的秘诀。开放让我们找到了正确的方向，与文明社会接轨、向发达国家学习，这就是方向。

另外，人民币应该成为可自由交易的货币，现在我们还在慢慢地推进。在金融的开放领域我们格外小心，因为我们也在思考，金融一旦开放、人民币一旦国际化之后，将会给中国带来什么。虽然人民币在IMF特别提款权（SDR）占了10.93%的份额，但这并不代表人民币在全球贸易市场的份额有那么高，只占第五位或第六位。所以，人民币成为国际货币体系中的一员，是我们未来显著改革的标志。这个目标实现了，我们整个金融开放就实现了。我想，这就是中国未来的目标。谢谢大家！

三、嘉宾研讨

主持人王文：国际上有这样的质疑，认为现代化、技术发展到了现在，进入了进步主义终结的年代。我的问题很简单，在两位教授看来未来会更好吗？

杰弗里·萨克斯：有一点很明确：我们现在并没有到技术的瓶颈。我们解决问题的能力也在提升，可以说，我们正处在一个非常丰富的时代，技术的发展是丰富的，学习的知识也是丰富的。在很多领域进步都是喜人的，我们也不应该认为，如果机器能替代人做所有的工作就是件坏事，因为如果机器能做很多人的工作，那说明我们放松、沟通的时间就更多了。让机器干活，我们坐下来喝喝茶、喝喝咖啡就好了。所以，未来我们要进行更多的文化活动，实现自我追求，开发自己的兴趣爱好，而不是把大部分的时间都用在辛苦工作上。

我认为，我们未来甚至会取得更大的进步。但是纵观人类历史，技术永远都是一把“双刃剑”，技术可以造福人类，但如果落入恶人之手也会产生恶果。所以，新的技术如果用于改善人们的生活是一种选择，但也可能落入军队之手，而且又被用作杀戮工具。其实这种“双刃剑”的效力在过去几百年中一直都非常明显。1839 年，英国对中国发动了鸦片战争，因为英国先有了蒸汽机，比较有意思的是，蒸汽机其实是中国人发明的，但几百年来都没有进行商用。后来英国实现了蒸汽机的商用，然后又实现了军用。当然，核能也可以民用，如果军队使用，那就是摧毁性的后果。互联网增加了互联互通的程度，增加了信息的分享，但也带来了网络战争。我认为我们更应该做的是去保证技术的和平使用：如何通过搭建共同的规则和协议来防止人工智能的军用。虽然我们的将军很擅于打仗，但是在这方面他们不一定都很懂，不一定能维持和平。

最近我参加了一个会议，在会上，北约的军事将领说：“我们想要打败中国，要先建立更加先进的武器系统。”但我举手就说：“我不同意这个观点。中国在这方面是做得非常好的，他们的部署能力非常强。与其进行竞争，为什么不和中国先进行接触，先达成合作协议呢？”其他人听到我的观点的时候，觉得我是个特别傻的教授。实际上，我觉得不应该把这么重要的事情丢给将军去解决，应该要有更加战略性的决定。

我们来看历史。在欧洲现代历史中，有最愚蠢的战争——当然，后面会有更加血腥的战争——一战。即使 100 年后，很多历史学家也不能解释为什么会有一战的爆发：没有什么深刻的战争必须爆发的原因，这是非常让人惊讶的。1914 年是进步的一年，是科学、技术、艺术大发展的一年，也是全球化发展的一年。但后来 4 年里，欧洲总是在打来打去，非常血腥、非常残暴，原因是什么呢？没人知道。当然，你可以硬找出一个原因来，但是也非常牵强，并不是重要的原因。你可以牵强地解释这个事件发生的前因后果，但无法分析为什么是这样的前因后果。因为它背后根本没有爆发战争的原因，也就只是在最后一小时才决定要打仗。所以，一战是很多错误促成的结果，而这次世界大战在几年之内都无法平息下来。

我说这一点，不是说这是必须要经历的，而是说我们的发展有可能会逆行。这取决于所有的人，有很多不确定性因素是可以被我们的选择所决定的。我非常反对现在美国政府的立场或外交政策中的方向，因为我觉得这是危险的信号、非常愚蠢的决定，同时是对历史的极大不尊重。这也是为什么我们必须要站出来说："停止战争的或对立的态度，学习去合作。"合作的优势是非常大的。如果你问我技术上的问题："我是否会没有土壤，没有食物，没有环境，没有能源?"我的答案是："不，不会这样"，因为我们有足够的技术能够抑制气候的变化，能够种植健康的食物，可以享受更好的生活，可以享受更加轻松的时光。技术是没有边界的，技术可以带来更多财富的积累，只要我们做得好、用得对，我们的未来一定是更加美好的。

吴晓求：技术的确是一把"双刃剑"，就人类生活来说，未来肯定比今天要更加富有、更加便捷、更加快乐，空气会更好，环境会更美。我和萨克斯教授有着同样的观点：技术当然可以造福人类的生活，改善人们的生活环境；但技术有另一方面，谁先拥有这些高新技术，谁的欲望就越大，实际战争的可能性也会变得比较大。

我也在想，人类的技术正在以加速度在进步，过去漫长的人类历史基本是在一条直线上，突然间，实际上从英国工业革命开始，人类社会突然间发生了巨大的变化。过去几千年、几万年基本在一条平行线上，生活没什么差别，我们改革开放之前的中国和2000年前的中国有什么太大的差别，除了有个电灯以外基本没什么差别。

到英国工业革命的时候突然发生了变化，到最近互联网革命，把人类过滤到更加精密的信息化社会之中，它以更快的方式在改变着人类的生活。

我最近收到几个朋友发给我的文章“畅想未来300年”，说是到300年后人是不会死的，可以在把所有的基因植入芯片之后，你和我又重新出现。我一看，这违背了自然规律，如果到了300年以后人不会死，也是很无聊的，天天见到的都是同样的人，很恐怖。从这个意义上说，我会觉得有点忧虑，我还是希望过自然的生活。

四、观众提问

主持人王文：以上是两位智者对未来人类的担忧，当然也有很乐观的部分。下面还有20分钟，想要提问的观众可以举手。

观众一：刚才萨克斯教授谈到中美关系的发展更多是心理上的问题、表层的问题，但在美国或中国有谈论“脱钩”的问题，不知道您对这个问题怎么看？请问吴教授，在中国未来经济改革进入“深水区”以后，中国进一步的经济发展彼岸或者方向应该是怎样的？谢谢！

观众二：请问萨克斯先生，关于美国一直在推动的印太战略您有什么样的看法和评论？

观众三：请问吴教授，中国是否会进入“中等收入陷阱”？

杰弗里·萨克斯：在中美贸易谈判中，有两个讨论正在进程当中：第一是美国的态度。美国认为中国是威胁，因为中国的规模太大，竞争能力太强，所以美国想要维持住自己大国的地位，这是整体的战略观点。还有一个讨论或辩论，可能是更加贴近现实的问题：两国政治、经济和技术体系迥异，两个迥异的系统如何能够合作、共存？

有这样一个问题：经济结构确实是有差异的，企业应该遵循什么样的规则？国家的支持和援助应该是什么？补贴是什么？美国的观点是把它留给市场，美国有很多关于工业的政策，但这些政策不会被称作“工业的政策”，美国政府也不会承认其实给了这些美国公司国家补贴，只是贴了不同的标签。因此，这种话语体系的不同让整个谈判无法预测。而且特朗普总统也是比较特立独行的一位美国总统，至少他不像其他总统具有可预见性，甚至可以说是“最无知的总统”，至少特朗普总统没有什么历史知识，也没有什么未来发展观。所以未来他继续当总统的话，我没什么安全感，原因也就在这里。

至于说未来是个什么样的情况，我认为，如果中国能保持克制冷静，不要反应过激，我们可能会避免关系崩溃。我们应该努力避免中美之间的冷战，中国也应该与其他国家特别是欧洲国家和其他地区加强沟通，强调以规则为基础的制度的重要性，尽量避免采取单边行动，应该采取谈判的做法来解决问题。

此外，我和我的同事都认为，因为可持续发展是我们的目标，我们需要支持可持续发展新规则的制定，而不是所有的规则都是关于贸易和市场的。

再说到印太战略，这是我的观点：首先，美国大部分人对印太战略没什么概念。美国大众对这个并不了解，这和他们的生活并没有什么关系。产生主导作用的只是美国少数精英阶层，他们是在战略层面上作决定的少数人，并不代表大众。但在战略层面作决定的制定者当中，有些人确实受过国际政治、国际关系方面的训练，他们希望能提升美国战略和军事方面的主导地位，所以他们希望寻求新的联盟，通过这种联盟的方式对中国形成钳制，比如说让印度站到美国一边，让韩国、日本成为美国的联盟，对中国进行制衡，也就是把世界人为地划分成美国阵营和中国阵营。实际上这种心态非常危险，正是本着这种心态才会导致战争，而且没有必要把社会划分成非黑即白、非你即我，我个人反对这样的思维。但确实有一些安全方面的国家顾问的世界观就是零和游戏，即有人赢就必须有人输，他们认为不可能是双赢的。

我不希望中美双方划定阵营，一个是美国主导的阵营，另一个是中国主导的阵营，这是非常危险的，结果可能会非常可怕。我们应该有一个开放的合作系统。我希望中国能够和日本、韩国保持良好的关系，当然，现在中、日、韩关系也并不是那么好，主要是因为第二次世界大战的历史遗留问题。而且出于对中国的恐惧，因为中国体量巨大导致的恐惧情绪，作为中国的邻国，会觉得自己的安全必须要通过美国来保障。事实上，它们的安全应该通过合作体制来保障。如果中国和韩国、日本进行非常密切的合作，相信能够为可持续发展提供解决方案。所以，我希望各国之间加强沟通，而不是划分阵营。

第一，我认为中国应该保持克制；第二，中国应该和其他国家加强合作，继续保护基于规则的国际秩序；第三，中国落实“一带一路”倡议时应本着绿色发展的观点；第四，我们也应该和其他国家共同来讨论这些规则，并且发挥自己的主观能动性和创意来制定这些规则。

吴晓求：我非常欣赏刚才萨克斯教授的一段解释，如果美国社会都像他这样主张，中美关系会变得非常好。国与国的关系，包括经贸关系，谈判是基本的手段，不是制裁，也不是恐吓。本来人类社会追求的就是相互尊重，我们觉得双方有益就做，无益就不做，双方可以谈判。因为如果双方起冲突的话，都会受到损害。我非常赞同这样的精神。

这位女士刚才提到“中等收入陷阱”这样一个大的命题。“中等收入陷阱”最核心的是制度陷阱，当制度没有激励功能的时候，一定会退化。所以，中国要进入发达国家行列，避免“中等收入陷阱”，需要注意以下几点：

第一，制度设计。一定要设立一整套的激励制度，不能再搞平均主义、搞计划经济、走老路，否则我们会一定往后退的。我们必须要沿着市场化改革的方向继续推进，不断深化。

第二，技术创新。经济发展只靠人口规模是不行的，还是要靠劳动力生产力水平的提高。劳动力生产力水平的提高无非就是制度创新和技术创新。

第三，进一步开放，因为只有开放才能在全球配置资源，开放既包括经济体系的开放，又包括金融体系的开放。

只要我们恪守了这三点，中国越过“中等收入陷阱”就没有问题，这方面我们还在探索，一定要保持信心。

杰弗里·萨克斯：对于“中等收入陷阱”，我也想补充一点，其实我完全不担心中国会掉入“中等收入陷阱”，原因有一个：创新体制是避开“中等收入陷阱”最重要的方式。而只要中国能够继续保持自己的活力，继续推动技术创新，我相信中国肯定不会重复阿根廷和巴西的“中等收入陷阱”。因为在这两个国家，有两个现象非常重要：一个现象是普遍教育水平比较低。另一个现象是长期以来大部分人的受教育程度都比较低，技术教育尤其缺乏。也就是说，科学、技术、工程、数学理工科教育在这两个国家当时做得非常不好。

而现在中国技术发展的速度是非常快的，“中国制造2025”是非常好的一种提法，因为中国已经找到了发展的重头戏，包括交通、半导体、机器人、人工智能、精准医疗、精准农业等领域。并且，不仅是计划，中国同时也会鼓励私营部门利用更多资源来发展这些领域。

接下来是高等教育、高质量教育，以及更加良好的创新体系，它们的重要性不言而喻。

我再讲一个理念，社会是需要寻求一种平衡的，它不仅是追求财富，也要平衡大家的幸福和全民的福利。这是一种非常好的想法，因为它就代表着社会的最终目标，这应该是更加高的价值追求。这种良好的价值观是能够指导社会发展的。

我们现在极度接近危险的旋涡，因为赚钱是很具有吸引力的，而且很容易让社会的人失去自己价值的方向，忘记了要保护环境，忘记了全民的共同利益，忘记了整个社会发展。这是另一个陷阱，美国没有在“中等陷阱”里，美国在“富裕陷阱”里，因为美国社会追求的目标就是“金钱”二字。由于这种思想，我们失去了社会的平衡感，无法保护我们的环境，无法救助低收入人群。所以，价值观也是非常重要的，良好的价值观可以避免各种各样的陷阱。

对话嘉宾简介

主讲嘉宾

杰弗里·萨克斯（Jeffrey Sachs）：著名全球发展问题专家，哥伦比亚大学经济学教授，哈佛大学国际研究中心主任，联合国前秘书长安南的高级顾问，“休克疗法”之父。他连续两年被《时代》杂志评为“世界百名最有影响的人物”之一，并被《纽约时报》称为“世界上最重要的经济学家”。

罗思义对话吴晓求：

中国经济70年——为何常被误读?

2019年4月4日下午，中国人民大学重阳金融研究院第40期重阳论坛暨《别误读中国经济》新书发布会在北京举行。《别误读中国经济》的作者、英国前高官罗思义（John Ross）发表主题演讲，并与中国人民大学副校长吴晓求教授、人大重阳执行院长王文就“中国经济70年：为何常被误读?”为主题展开深度讨论。

一、主旨演讲

罗思义：我今天要讲的是一些总结性的概念。中国是否还在走社会主义道路？答案是毫无疑问的。尽管中国在1978年之后有市场改革，但有一个基本的持续性，改革开放前的1949—1978年，及1978年之后一直到现在，这两个时期并非是割裂的，本质上是联系在一起的，从毛泽东主席到习近平主席，一直坚持推进马克思主义中国化。而巩固和发展社会主义制度，还需要很长的历史阶段。

图 1　罗思义教授在重阳论坛作主旨演讲

1. 1949 年以来西方对中国的误解

1949 年，中国共产党对中国人民作出承诺，要“最终实现中华民族的伟大复兴”。很多西方议会制国家借此批评中国，因为大家觉得中国是通过自己的方法——坚守自己的纲领和章程——来实现中华民族的伟大复兴，并没有说要建立类似于西方的议会制度。

目前，西方对中国经济发展存有各种各样的误解，一些误解在中国媒体上有时也会出现。我在这里罗列三点：

第一，误将中国 70 年经济发展历史阶段划分为两个时期，忽略了两个时期之间的关联性。

第二，对苏联后期背离马克思主义的原因存在误读。

第三，对西方经济学早期的错误视而不见。

第一种误读，没有看到中国两个发展阶段的关联性。

中国有一个说法是“为人民服务”，而中国的发展也已经实现了为人民服务。

平均预期寿命是衡量社会总体状况的最佳指标，因为它的延长需要好的消费、好的医疗教育、好的环境等一系列优良条件为基础；反之，平均预期寿命是非常短的。所以，我们用平均预期寿命作为指标。

中国和印度是全球最大的两个发展中国家，而且基本是在相同的时间实现了政治的稳定——1947—1949 年，印度从英国手里获得了独立；新中国于 1949 年成立。这一时期，中印两国的预期寿命几乎处在同一起跑线；而自 20 世纪 60 年代起，中国预期寿命与印度的差值开始拉大；至 1978 年，印度的预期寿命已落后中国近 12 年；之后，中国的预期寿命一直保持着领先地位。

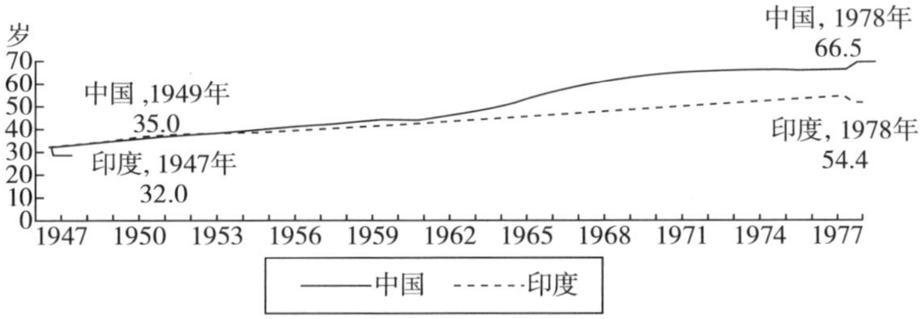

图 2　中国和印度预期寿命比较

资料来源：根据世界银行发布的《世界发展指标》数据计算而得。

再和其他一些发展中国家进行对比，如巴西、印度尼西亚。本来中国的预期寿命在 1949 年是落后于这两个国家的，但后来超过了。此外，1960 年，58. 6% 的世界人口预期寿命高于中国；但到 2016 年，这一数据降至 22. 9% 。这是一组非常有趣的数据，因为 2016 年，30% 的国家人均 GDP 比中国高，但只有 22. 9% 的国家的人均寿命高于中国。这意味着中国的社会条件和社会进步已领先于经济发展。

为人民服务，首先，生命要延长。从这个角度来讲，中国肯定是实现了“为人民服务”这一目标的。

第二种误读，关于苏联背离马克思主义的原因。

邓小平和陈云是中国经济发展的两位伟大的设计师，他们继承和发展了马克思主义，且回归到了马克思主义的核心本质。邓小平在很多重要讲话中总结了马克思主义理论，事后也被证明是正确的。

《共产党宣言》指出：“无产阶级将利用自己的政治统治，一步一步地夺取资产阶级的全部资本。”后来马克思在其著作中继续谈到，从资本主义过渡到高级社会主义需要一段很长的时间，很多资本主义社会的特点无法在短期内被除去。邓小平在其著作中也诠释了这样的观点。

在邓小平的演讲和著作中，有一个非常有名的概念，即“按劳分配”。每个人的需求是不一样的，如果能满足所有人的需求，那是最好的；但当时阶段这一设想是无法实现的，所以分配必须和劳动相关。这代表一下子消灭不平等是不可能的，要想完全满足人民的需求，社会经济需要先高度发达，而中国距离实现经济高度发达、最终实现按需分配的要求，还需上百年甚至更长的时间。

如果我们研究邓小平的重要讲话、文章和理论，就会意识到，他引用了非常多的马克思主义理论。例如，他判断“中国正处于社会主义初级阶段”，这也是马克思主义中很重要的一个理论，只是“初级阶段”这一概念从未在别的地方——如苏联的文献中——被引用过，是中国独有的体现。中国创建的社会主义市场经济体制也由此衍生而来，中国的经济政策是立足于马克思主义和中国国情的结合。

那么，为什么会被误解背离马克思主义呢？1928 年，苏联提出了另一个思路，制定了第一个五年计划，这是前所未有的经济体系。

过去 500 年中，世界上主要有三大经济体制：

第一是资本主义经济体系，这不是由个体发明出来的，而是由亚当·斯密和卡尔·马克思分析总结出来的体系。

第二大体系是斯大林在 1928 年推出的经济体制，有人称它为计划经济，但我把它总结为“管制经济”。因为在这个经济体系中，所有细枝末节都是受到国家管制的，比如卖一支铅笔，在苏联相隔几千公里的两地之间不允许有任何的价格差异。

第三大体系是社会主义的经济体系。

西方认为，苏联所采取的体系是马克思主义的经济体系，其实这是一种误读。因为在马克思主义理念中，要转向社会主义经济体制，需要一段非常漫长的过渡时期，而当时的苏联是希望能一步到位地实现社会主义。在此体系下，包括小餐馆、小卖部在内的一切都是国有的。整个经济与世界经济相隔绝，无法融入世界经济，同时也无法影响国际经济。“管制经济”规定了经济体系中的每一个要素，这也是为什么我说这个体系其实是与马克思主义背道而驰的。

我发现很多人，包括中国的一些媒体，在解读中国经济的时候也有误读，说“因为中国和苏联不一样，所以中国不是社会主义体系”。这一论断是错误的，苏联的制度本身就不是马克思主义。

“社会主义”这个词的出处究竟是哪里？“社会主义”源自社会化、大型一体化的生产过程。马克思也作出过如下分析：社会主义是以大规模生产为基础的。他在后来也不断延伸了这一理论，而且在《哥达纲领批判》中也进一步强调了这一点，延续了在《共产主义宣言》中的内容。马克思在《资本论》中，还专门添加了一段《共产党宣言》里长段的引文，就是重申了这个观点。

苏联所推行的制度是一种极左的冒险行为，当时打算一步完成从资本主义向社会主义甚至高级社会主义的过渡，而不是按照马克思所强调的，经历长期的过渡期，逐步迈向社会主义。

第三种误读是由早期西方经济学家提出的，现已被西方重要经济统计机构纠正了，但是我发现这种错误在中国也依然会重复出现。

我们要继续探讨这个误读，得先回到一个根本问题。“社会主义”这个词源于社会化的大型生产，而马克思最天才的地方就在于，他认识到了经济学的范畴其实是人与人之间的社会关系的一种体现。这也是整个马克思主义理论衍生出来的基础。

马克思的经济理论，很多是从对亚当·斯密《国富论》的讨论中进一步延伸来的。亚当·斯密在《国富论》开篇就指出了劳动分工的重要性，而马克思表示劳动社会化是最大生产力，体现了“1+1>2”的力量。这个理论，习近平主席也引述过，是指两个人在现代化社会中协作，所取得的生产力超过这两个个体单独的生产力加起来的总和。也就是说，在现代化生产中，1000个人的生产力总量，要大于一个人的生产力×1000的简单叠加。

马克思的理论以更广阔的历史、社会视角将经济的过程概念化为劳动的社会化。马克思认为，一个社会的发展是社会中人与人之间联系不断增加的过程。我在上周末下午，去天津参观了博物馆，那时我才知道中国曾经有过6个人类发展中心，这是文明建立之前就已经有的情况。这6个中心后来不断地相互联系，进而出现了中国社会以及中国社会后来的朝代更迭。这个过程是中国各个地区不断加深彼此之间的联系、形成统一社会的过程。秦汉统一的时候，罗马帝国也实现了欧洲地中海地区的统一，罗马帝国是欧洲文明的起始点。当时这两大帝国是同期存在的，但是这两大帝国之间的联系却是非常薄弱的。要实现两个帝国之间的往返要花费很多年的时间。但从帝国内部来说，中国内部和罗马帝国内部的社会联系不断地增加。

最后在1492年，地图进一步完整了，人们通过哥伦布在美洲的新发现建立起了欧洲与美洲持续的联系。1492年之后，我们就可以说，人类文明的主要中心都建立起了一定形式的联系，但和现在相比，当年的联系还是非常薄弱的。并且，过去进行贸易的主要是奢侈品，如丝绸；现在则是大众的商品和电子商品，这已经占到GDP非常高的份额了。这个过程花了非常长的时间，历经了几个世纪甚至上千年才完成。

但是在马克思的认识里，社会关系按照经济范畴是如何呈现的呢？他指出，在经济范畴里，社会关系不过是劳动分工的一种体现而已。我之后会解释这个含义究竟是什么。

最简单的生产是直接的劳动力投入，而在社会劳动范畴中，也会有别人的劳动力投入。例如，汽车的方向盘是由别的生产厂和生产线生产出来的，同时，生产汽车的机器也是别的生产厂和生产线生产出来的，这部分被马克思称为固定资本。

此外，劳动力可以细分为非熟练劳动力和熟练劳动力，前者通过社会化进程可以实现劳动力的熟练化，其中包括教育培训——教师教授知识，帮助学生成为熟练的劳动力。马克思还说，如果生产能进一步社会化，就意味着投资对于生产力的重要性，相对于直接投入更重要。

我们来验证一下马克思的哪些预测是正确的。

先来看中间投入（流动资本）。如果研究这个因素，会发现它的增长在生产中的贡献是最大的，尤其是对美国 GDP 增长的推动。我也研究了中国和其他一些发展中国家等经济体，发现资本流动在生产中贡献最大，增速也最快。这种情况在国际贸易中也非常常见，体现出间接的社会主义生产和劳动社会化。

资本密集型生产随着机器的发展呈上升趋势。就现阶段来讲，不同的资本投资对经济发展的贡献比不同：资本投资对于发展中的经济体 GDP 增长的贡献率是 62%，而对于发达国家 GDP 的贡献率是 74%。

劳动力、技能投入也是劳动社会化的一种体现。对于发展中国家，劳动力投入对国家 GDP 增长的贡献率非常小，大概占 34%，很多人的劳动时间也是非常长的。在发达国家，大部分增长来自技术技能和教育方面的增长。

早期西方边际主义经济学的错误在于，不如马克思主义有理有据。目前，在西方，这一认识已被广泛接受。

2. 中国经济增速放缓背后的原因

我在这里讲一点比较技术的内容。

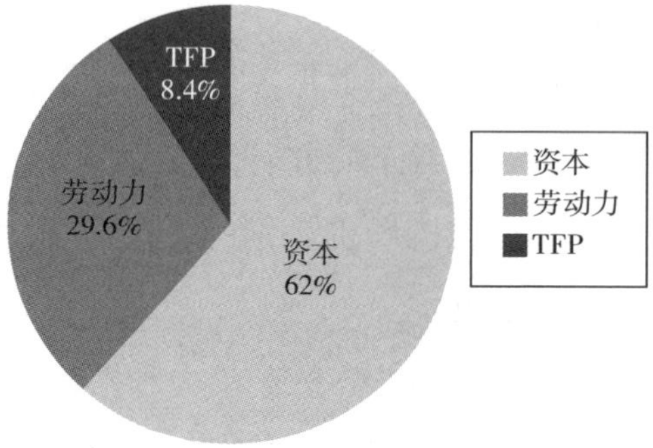

图 3　1990—2016 年各 GDP 构成要素对 GDP 的贡献率（发展中经济体）

资料来源：根据世界大型企业联合会发布的《总经济数据库》计算而得。

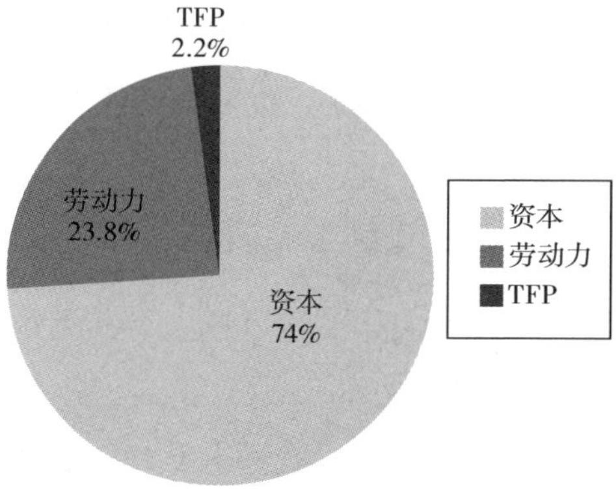

图 4　1990—2016 年各 GDP 构成要素对 GDP 的贡献率（发达经济体）

资料来源：根据世界大型企业联合会发布的《总经济数据库》计算而得。

“增长核算法”是由索洛所创建的，但索洛的公式犯了两个错误：第一，他是按小时计算的。例如，韩国农民的劳动力质量相比韩国工程师博士的劳动质量，后者肯定高于前者，不能用小时来算劳动价值，我们要看劳动质量。第二，他计算资本的方法都是一样的，这并非是合理的。一座桥可以用几十年，而计算机两三年之后就不好用了。所以，我们要看到资本是有不同的折旧率的，也就是电脑的折旧率要高于桥梁。

增长核算法是如何测算 GDP 的？增长核算法是根据资本、劳动力、全要素生产率（TFP）三种投入计算 GDP 的增速，计算公式为：GDP =

资本投入+劳动力投入+TFP。

为什么中国经济增速现在有所放缓？我们可以用马克思主义经济学和西方现代经济学来诠释背后的原因。而增长核算法介绍了三点：

第一，国有企业或市场机制是缺乏效率的，如果这一点属实，主要表现为TFP增长放缓和效率低下的问题。

第二，与人口要素有关，工作人口数量不再增加。

第三，与资本投入减少有关。

这三点测算都是可以得到验证的。有必要指出，中国经增速济的放缓是高度相关的数据。按照人均来算的话，中国的经济增长还是非常快的，1990—2017年中国经济增速远远超过了世界其他主要经济体。

具体来看，20世纪90年代有一场全球性的金融危机，其中劳动力投入增速确实有一定的放缓，但是影响非常小，最主要的原因是资本的投入在下降。这对于政策制定具有指导意义。所以中国经济的增长不能通过全要素投入来实现。按照国际标准，全要素投入的成本非常高，在中国这是不可能的，有可能导致整个经济“刹车”。此外，全要素生产率是“后周期”的，要看它的周期性。如果经济增速放缓，全要素生产率也会下降。中国GDP增长与TFP增长之间有极高的相关性。

至于人口因素，中国人口有很小的增长，但对中国经济增速放缓的影响有限。

中国经济增长速度放缓的原因，主要是资本投资的下降。中国净固定资本形成占GDP比重从2009年开始有一个巨大的下降——2009年时的占比是30.5%，在2016年，数据变成了21.5%，基本下降了1/3。净固定投资下降与GDP增长放缓之间具有极强的相关性，数值达0.76%。经济起飞，没有净固定资本的投资是无法实现的。

此外，中国的净储蓄量，2007年是39.3%，2009年是36.7%，2016年则降至24.9%，这些都展示了中国经济放缓的速度与经济中资

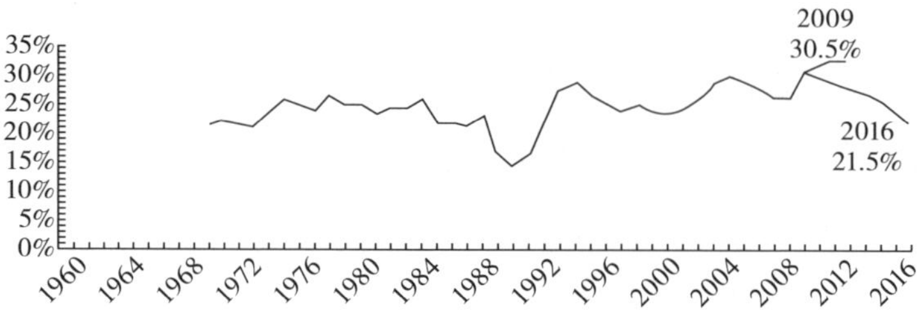

图 5 中国净固定资本形成占 GDP 比重比较

资料来源：根据世界银行发布的《世界发展指标》数据计算而得。

本的形成放缓有关。净储蓄和 GDP 增长之间的相关性是非常高的，达 0.88。而总储蓄和 GDP 增长之间的相关性也是非常高的，达 0.8425。

在西方，在大萧条时期，投资下降是同时发生的。固定投资出现下降，造成了投资的整体下降。中国的情况又如何呢？因为中国是社会主义经济，国有企业占了很大比例。如果国有企业继续这种投资，可以不受国际形势的影响。只要中国的投资在上升，中国的经济仍然是在快速起飞阶段。

3. 结论：中国经济理论是非常贴近马克思主义的

中国经济按照中国共产党的想法发展，已被证明是正确的，从 1949 年开始到现在——我强调 1949 年，不只是 1978 年——都是非常正确的。现在西方经济体也是这么认同的。

通过关注事实，我们就会认识到，其实中国经济理论是非常贴近马克思主义的，但凡看事实的人都无法否认这个结论。

除此之外，我解释了常在一些媒体上出现的三点误读，即：

要把 1949—2019 年中的两个时期看成一个完整的大周期，虽然可以按照历史阶段划分，但不能忽略这两个时期之间的关联性。

对于苏联后期对马克思主义的背离，应该有准确的认识，中国的现状与中国社会主义初级阶段，以及其观点是非常贴近马克思主义的，但不是对马克思主义的完全照搬，而是对马克思主义的延伸和发展。

西方早期经济学中的一些错误已被纠正了，但媒体没有注意到。

二、点评演讲

吴晓求：罗思义教授的马克思主义功底非常深厚，他对马克思主义理论的理解我认为非常有意思，特别是他把马克思主义理论与中国相结合，作了自己很好的解读。他对邓小平的思想、陈云的思想，特别是习近平主席的思想都有非常好的研究。他的演讲后半段是非常专业的，因为他对经济增长理论、模型、固定资产投资、资本的形成、全要素生产率和整个 GDP 增长的关系作了全面的解读。

罗思义先生谈到了存在的三种误读，既有西方的学者，又有中国学者，对中国经济理论经常有以下三种误读。

图 6　吴晓求教授作点评演讲

第一，对于中国 70 年来的经济发展，很多人是将它割裂开来的，做完全不相关的研究。他认为，中国自从 1949 年中华人民共和国成立之后，这 70 年的经济发展有它的关联性。他认为割裂是不对的，没有前30年工业化基础的奠定，后面我们要推行市场化的改革是没有基础的。

第二，他认为，苏联在1929年之后构建管制经济，背离了马克思主义基本原理，所实行的就不是马克思主义的东西。

第三，我们不少人误读了西方经济学的一些错误，包括亚当·斯密和马克思理论的关系。当然，马克思的政治经济学、资本论的确是在亚当·斯密、大卫·李嘉图的基础上得到了科学发展，形成了自己的一整套理论。更为重要的是，他认为中国无论是前30年还是后40年，都在不同时期坚守了马克思主义基本原理，这是他特别强调的一条。为什么中国经济发展会成功？我的理解是，他认为这与中国将马克思主义基本原理同中国的国情相结合，所形成的一整套理论、政策、方法、观点，有密切的关系。他谈了中国经济增速最近几年下降的原因，主要在于资本投资在下降，中国的全要素生产率并没有下降，而且还对中国经济的稳定起到了很重要的作用。

我非常赞赏罗思义教授的科学态度，他比中国很多学者有更多的理性、更多的科学精神、更多的实事求是。中国的一些学者经常会走向极端，要么就是全盘否定，要么就是全盘肯定，理性相对较少。我认为罗思义教授是一位理性的学者，比较客观，而且他对中国的国情及其与马克思主义理论在中国不同阶段的结合，比一般的中国学者有更精准的把握。特别是对党的十八大以来习近平总书记的经济思想，我看他做了非常好的研究。他认为从毛泽东时代到习近平时代是马克思主义理论在中国的一种新的发展，我完全赞同这样一个判断。

我认为中国70年来的发展，前30年为后面40年改革开放打下了很好的基础，特别是中国50年代的56项大工程，奠定了中华人民共和国现代工业的基础，为后来的发展创造了条件。1949—1978年是计划经济时期，中国的平均预期寿命由1949年的35岁上升到66.2岁。中国在当时不是很富有的经济条件下，平均预期寿命得到了很大的提高。为人民服务是很重要的指标，这个指标说明，新中国的成立的确是中国发生翻天覆地变化的标志，这一点毋庸置疑。

当然，前30年，坦率地讲，我认为中国的经济发展走了弯路，尤其是20世纪60年代初的灾难，特别是“文化大革命”使中国经济走到了崩溃的边缘，更为重要的是，它破坏了中国人的社会生存环境，我认为这是国家走了一段很大的弯路。无论是从政治还是经济上，“文化大革命”是中国的一场灾难、中华民族的浩劫，这十年带来的苦难是巨大的。

1978年的改革开放的确使中国经济发生了翻天覆地的变化，中国经济能有今天，最重要的还是后40年的改革开放。一是平均预期寿命进一步延长，从66.2岁到77.2岁，延长了11岁，上面的边际会越来越小，在77.2岁上升到80岁就非常难。更为重要的是，中国经济后40年，对中国人来说，有一个重大的贡献——解决了饥饿问题，解决了温饱问题。饥饿是中华民族长期的记忆，特别是几百年来，给人们的感受是中国人是吃不饱的，所以，饥饿成了这个民族的一个基因式的烙印。即使在1978年之前，我们还处在饥饿状态，一天吃两顿，现在一天吃两顿是减肥，那时候一天吃两顿是没有办法，这是两回事。现在吃红薯是高级食品，那时候吃红薯是没有办法；现在吃窝窝头是高级食品，那时候吃窝窝头也是没有办法，不同时期有不同的要求。所以，这40年至关重要，它最重要的是解决了人民的温饱问题。到2020年我们全面实现小康没有问题，而且中国之所以变得这么有竞争力、有活力，和后40年我们坚持改革开放、坚持社会主义市场经济道路密不可分。两者之间有些关联，不要割裂开来。坦率地讲，如果没有前30年的那种饥饿，也就没有后面对改革的渴望和向往，中国人的幸福感这70年都有，更主要的是体现在后40年。

中国经济的成功，像罗思义教授所讲的，是由于坚持住了马克思主义基本原理，把马克思主义基本原理与中国的国情相结合，我们找到了一条正确的道路。我们过去很僵化，将《资本论》里的一套论述搬过来用，带来很多麻烦。改革开放之初遇到的问题是马克思在《资本论》里说的，私人企业雇工超过5人就是剥削，后来怎么办呢？社会主义国家是不允许剥削存在的，怎么可能有剥削呢？后来我们突破了这个，一开始很难突破5人，后来到7人。私营经济也搞大工业，5个人只能开个小吃店，大工业要几百、几千、几万人，必须要雇用这么多人，这就是突破。这与中国当时的国情相结合，与改革发展目标相结合。所以，我们突破了禁区；同时，我们也坚守住了马克思主义的基本原理，比如按劳分配我们还是要坚守的，我们还坚守住了公平和收益之间的平衡。

实际上，把中国的事情办好了就是坚持马克思主义的原理，没有办好中国的事情，把这个国家搞得一塌糊涂，说坚持马克思主义？那是歪曲马克思主义。

西方经济学有一些有益的成分我们还是要坚持的，包括它的分析方法，比如边际分析方法，传统经济学里“边际”的概念是相对被批判的，但现代经济学缺乏边际的概念就没办法做计算，我们之所以可以做数学模型，是建立在边际分析的基础上，方法论上这还是有意思的，我们还是把它吸收了过来。

作为整套的理论体系，中国还是要坚持马克思主义政治经济学的基本原理，但现代经济学体系的一些方法注重计量，注重边际，以及它的整个宏观经济分析框架、微观经济分析框架有它合理的成分。中国的经济还是要吸收在当代文明社会、发达社会被证明了的一些理论和方法，我们也要借用，必须要兼容并蓄，才能丰富和发展中国经济学的理论，才可以进一步推动中国经济社会的发展，才可以找到未来中国经济发展的正确道路。

三、嘉宾研讨

主持人王文：目前是中国经济学理论出现了问题，还是中国经济的实践在过去 40 年里出现了被误读和被中断？更简单地说，是理论误解还是实践被误解？

罗思义：我有两件事情要跟大家分享，作为 14 亿人口的大国经济体，不犯错误是不可能的，共产党也从来没有说不犯错误，但是有两个理论：

第一，这个错误不应该是过大的；第二，当出现错误的时候能够及时纠正，这是非常明显的，因为经济在发展过程中肯定会有一些波动。

在我看来，有一个比较基础的错误出现在与中国马克思主义经济理论不一致的地方，尤其是 1949—1978 年的这个阶段，这是我自己的想法。这个错误更多的是极左而不是极右。你可以看到这样的结果既有好的又有坏的。

20 世纪 60 年代有很多极左的错误被指出，像“文化大革命”。这是政治上的一些波动，这样的时期有一个趋势，极左的错误是非常明显的。在我看来，1978 年，在中国的经济政策中，最大的问题还没有出现。但有时候会有这样一种倾向，有不同的想法，这个想法可能是不同于邓小平的，不同于马克思主义的。例如，邓小平最出名的就是“黑猫白猫论”，只要抓到老鼠就是好猫，有时候需要私营部门解决问题，有时候需要国营部门解决问题。极右的变化是 1978 年之后出现的现象，这也是会出问题的，中国能控制自己投资的水平是因为中国没有任何经济退步。

吴晓求：在过去 70 年，究竟中国的经济理论和实践哪方面出了问题？我想首先还是理论出了问题，我们的指导思想、指导原则、发展目标、观念等出了问题，如果说有问题，这方面的问题更大一些。在相应的错误理论的指导下，一定是一个错误的实践，从 1949 年以来，中国共产党都是在探索。这么一个大国，一个东方文化、自然经济、空间经济非常浓郁的国家怎样发展现代经济？我们一直处于探索的阶段，前 30 年在探索，后 40 年也在探索。我认为，1978 年开启的市场化改革使中国真正找到了一条正确的发展道路，1978 年以后形成的市场化改革、解放思想、实事求是总体思路，这条道路目前符合中国国情。所以，中国的经济学在 40 年期间有巨大的发展。

我也看了前 30 年先辈们所写的著作，他们在特殊的体制下进行了艰苦、卓越的思考和探索，但因为整体方向是高度计划经济的体制，所以空间是非常有限的。1978 年以后，中国经济学理论发生了重大的变化，中国经济学家的很多理论成就，如果能有通用的语言让外国人理解的话，他们不会比西方发达国家经济学者的贡献少。这个理论体系显而易见不是照搬照抄西方经济学的理论，尽管受了它的影响，但一定有中国的元素。

主持人王文：中国经济学理论进步是事实，但并没有得到世界上全面的认可，一个最重要的经验和证据，就是中国迄今为止还没有得到诺贝尔经济学奖。有两种说法：第一种说法认为，西方经济学评价体系太小，无法适用于中国的经济实践。第二种看法认为中国 14 亿人的规模经济太大了，超过了经济学家的想象，是实践太难，难以概括。简单地讲，一是西方的经济学太小；二是中国的实践太大。我想请问，你们认为哪一种正确？或者你们认为原因在哪里？

罗思义：我们要看过去的 40 年中国取得了巨大的经济成就。首先，中国取得了最快速的经济增长，在整个历史上，所有的经济体中，中国的经济增长速度是最快的。40 年中，任何一个国家都没有取得过这么高速的经济增长。其次，获益的人群也是人类历史上最大的。

其实，没有拿到诺奖不用担心，因为诺奖是很有偏见的，要接受这个事实的话，他们可能要推翻整个西方的经济理论。如果他们认可中国的话，拿诺奖就会无聊了，因为所有的奖都要颁给中国的经济学家，因为中国取得的这些经济成绩比任何西方国家的经济都要成功，但对于西方的颁奖体制来说，这是不可能实现的。对于西方来说，没有办法承认社会主义经济比资本主义的经济更成功，因为它会摧毁整个西方资本主义的合理性，所以，诺奖就选择了另一个颁奖思路，比如小成就，有些人在福利、信息理论方面取得了小的成就，因为对技术性问题的解答获了奖，得奖的那些事项可能有些有趣，可能有些无趣，但都不是重大的事项。

吴晓求：作为个体的经济学家，经济学家有两个缺点：一是他的方法不太精细，经济学家要成为科学家，首先方法要非常精细，要高度地计量，它能够做很好的模型；二是还需要解放思想，不解放思想有时候也会受到束缚。所以，这两点很重要。例如，中医是一种哲学，但你很难说它是科学，因为它没办法解释，靠经验，靠感受，摸你的脉就能知道你是什么毛病，已经基本进入哲学阶段，很难由科学去解释。西医是科学，各种分子结构分得非常清楚。

我认为，中国的经济学也要从“中医”走向“西医”。我们有时候更多的是“中医”，大概问题所在都能把握得很清楚，有宏观的概念，但特别精细的计量就变得差了。中国经济学家作为整体，我个人认为完全可以得诺贝尔经济学奖，不但可以得，还可以得很多个。正如罗思义教授所说的，中国这么大的国家，能从过去那么贫穷落后到现在非常有活力、开放的经济体，本身就是了不起的成就。罗思义教授也提到邓小平同志的贡献，邓小平是中国改革开放的总设计师、现代化的奠基人，如果再加一句话，我认为他是中国最杰出的经济学家。也不要把诺贝尔经济学奖看得那么高，从对人类所做出的贡献来说，哪一个经济学家可以和邓小平同志相比较？

很多人对发展改革委提出了批评，实际上我对发展改革委是持赞扬态度的，它对中国整个经济发展起到了很好的规划作用，这很重要。我们正确处理了国有经济和民营经济的关系，这是很难的。当然，我们抓住了制度红利、人口红利，更为重要的是，我们推动了科技创新。世界上从来没有一个国家像中国一样，金融对本国经济的作用那么大，货币发行量那么大，M2 已经 180 万亿元，GDP 90 万亿元，但中国 40 年来没有出现过恶性的通货膨胀，这是很有意思的，这些都是中国成功的经验，有中国这样的研究对象，完全可以出大的经济学家。

主持人王文：今天我们还请来了两位大咖，他们都是我非常尊敬的前辈。有请国家外汇管理局前副局长、人大重阳高级研究员魏本华先生点评。

魏本华：我和 John 可以说是老朋友了，我们前后加入人大重阳任高级研究员，我们交流得比较多。刚才吴晓求校长和罗思义教授之间的对话谈了非常深刻的问题。我认为吴晓求教授的讲话对我非常有启发，中国经济建设取得的贡献就是对马克思主义理论本身一个最大的贡献。吴校长也强调，从新中国成立以来到现在 70 年的连续发展使得中国经济达到了今天这个程度。

而且，吴校长在某些方面也和 John 一样，坚持实事求是，让数字、事实、理论来讲道理。Ross 先生一再强调，有些中文没有看懂，这没有关系，因为我们是在用数字讲话和分析。他长期研究中国经济，跟踪了 20 多年，吴晓求校长也提醒我们，对中国经济要有长期的思想，认真地根据中国国情来分析，不要太受那些框框的约束，这样思想会更解放。吴校长还有一个观点：凡是西方经济学、当代经济学里人家优秀的东西，特别是在这些边际研究中的数学模型、使用大量公式的方法，有时候更精确、更准确。我们完全具备争取诺贝尔经济学奖的基础，王文院长、吴校长、John Ross 都同意这一点。我们要用大家都能接受的语言，把我们中国的事情向全世界讲清楚。

John 的书里的第二个问题是全球治理的问题，刚刚他仅仅触及了，没有展开讲。这是近些年习近平主席在国际上一再指出的问题。中国愿意在全球治理方面贡献中国智慧，为全球治理引领局势，这本身就是对治理方面赤字最大的补充和扭转。作为一个外国人，John 应该能够非常清晰地感觉到，美国在全球经济治理方面的作用正在淡化；相反，中国在全球治理上会发挥越来越大的作用。比如具体的，美国从巴黎气候协定和联合国教科文组织退出，以及对 WTO 消极的态度等，只讲所谓“美国第一”“美国优先”的狭隘思想。但习近平主席所提出的中国的概念是非常宽广的，我们强调的是共建“人类命运共同体”。在推进“一带一路”倡议努力过程之中，强调的是共商、共建、共享，永远强调合作、强调共赢的结果。

主持人王文：谢谢魏局，下面有请我非常尊敬的刘志勤老师作点评。

刘志勤：非常感谢吴校长和老罗、各位来宾。尽管有些观点可以继续细化和商榷，但老罗的这两本书对在读的硕士、博士绝对有参考价值，看了他的书之后可以知道中国经济的大致走向。两三个月前我写过一篇短文，讨论为什么中国的书那么难被读懂。我为什么写这篇文章呢？当时自称为“中国通”的鲍尔森在新加坡发表了一篇言论，但说出来的观点完全不是“中国通”的观点，他对中国充满了恶意的误解和误会，这让我非常吃惊。

鲍尔森在中国高盛干了这么多年，对中国的经济和金融很熟悉，结果对中国的结论却如此“截然相反”。他在新加坡的发言激怒了我，我认为鲍尔森在中国十几年并没有读懂中国，罗思义先生却读懂了中国。西方有两种人，读懂中国的人和没有读懂中国的人，这两种人除了方法论的区别，还有很重要的问题是立场问题和情感问题。鲍尔森很典型，他从中国挣了那么多钱，帮高盛从中国攫取了那么多利润，最后他说中国不好，而且是非常不好，这很令人失望。今天这个讲座的题目很好，为什么被误读？好像罗思义先生没有回答这个问题，他提出的三个误解我认为都不是理由。

为什么西方会误读中国？因为他们得到的 Facts 是他们编造、臆造或自己篡改的。我认为，现在对中国来讲是非常重要的时机，我们要把我们的事实“秀”给世界，如果没有事实“秀”给世界的话，我们得到的永远是西方媒体各种各样的误读。

中国媒体被西方媒体所诱导，而中国的经济学家对西方经济学理论“唯命是从”。比如西方创造一个词“黑天鹅”之后，讨论一两年“黑天鹅”；出来“灰犀牛”，又讨论“灰犀牛”，全是跟着西方走。所以，我们的理论确确实实会越走越弯，越走越不正，越走方向越不明。原来是“雾里看花”，现在雾里什么花都没有，出现非常迷惑的情况。所以，研究罗思义先生这部作品有着非常重要的意义。

我提一个意见，罗思义先生，从上一本书到现在，我有点失望的是你对苏联的全盘否定，这我还真不接受。因为苏联毕竟存在了 70 年，它的存在是有理由的。从 1929 年苏联的新政策，到 1938 年苏联的 GDP 世界第二。这是多么熟悉的词，我们现在是世界第二，苏联 1938 年、1939 年就到了世界第二。世界最反对苏联经济政策的时候，苏联最强、最快遭到了西方的全面抵制和封锁，它无法实现市场经济，不得不走管制经济。

就好比委内瑞拉，它能搞市场经济吗？它现在不管制行吗？所以，这种情况必须和国情、国际形势结合起来判断。我不是说苏联模式多好，而是想说苏联模式有一定的借鉴作用，它只是在 20 世纪被“玩”坏了。这里要提到罗思义先生的上一本书，上一本书中提到，中国经济如果想崩溃，只有一个办法——“自杀”，苏联经济之所以崩溃就是采取了“自杀”式的经济模式，而不是采取马克思主义经济或计划经济使它崩溃。我保留这份意见，仅仅是讨论。西方有意在苏联倒台以后诋毁计划经济，目的是诱导中国全面西化和全面市场化；而邓小平的伟大之处就在于，“你说你的，我干我的”，结果做得非常好，使中国始终保持在中间和稳定的措施上。中国共产党的伟大之处就在于，总能找到适合自己的模式。例如，夺取政权，王明那一套是西方、俄罗斯的方法，我们不做，就找“农村包围城市”，这是没有人能够想到的，也没有人能够想到那么成功，而中国就成功了。现在的中国经济发展也是这种情况。

另外再提一个意见，您的书当中几乎不提毛泽东的作用，我建议你认真研究一下毛泽东的理论。您谈70年的前30年，不谈毛泽东，谈谁？您可以研究一下毛泽东的《论十大关系》，它可能涵盖了最好、最完整的当时共产党对于市场的看法。冲着这《论十大关系》，我认为毛泽东就是很伟大的经济学家。很多人认为“中国前30年为什么不开放、不改革？就如果50年代就开始改革开放，现在中国是这样吗？早就是两个美国了”。

事实不是这样的。那时候美国对中国的政策相当于现在对委内瑞拉，如果当时实行改革开放，中国能行吗？而且正是基于当时的努力，中国才奠定了强有力的国力基础。在这种情况下，毛泽东的《论十大关系》指导着当时的经济发展，对后来的经济发展也有影响。习近平主席佩服毛泽东、邓小平不是没有理由的。希望下次出第三本书的时候您可以有所涉及。

罗思义：是的，我接下来的一本书讨论的就是中国的70年发展。在那里我肯定要讲一下毛泽东的理论。我也读了2500页英文的毛主席的著作，肯定要有逐步的理解过程。我用不同的视角看中国，因为我本身不是中国人。而中国最好的一点是社交媒体能发挥作用，在社交媒体上我能学到很多，并与中国的民众进行沟通。三周之前，100万中国读者成为我的粉丝，这也是让我很开心的一件事情。我可以和中国人进行互动，建立我们的共同理解。但是我对中国的理解永远不可能像一个中国人一样，这是不可能实现的。

我来到中国，获得的理解是，中国共产党的道路是正确的。这个观点不是通过我作为中国人或在中国生活基础之上建立的，而是从理论经济学层面分析得到的。我可能看的是宏观的内容，在讨论中国时很少说细节的内容，因为我不是中国人，讨论细节的部分会犯错误，所以我倾向于在更宏观、更大的事情上做研究。

三天前，我看到了习近平主席之前发言稿的正式发表版，如果时间更充裕一点，我可以更精细地做一下研究。习近平主席的分析也是从中国视角研究中国最重要的问题。我不会声称我对中国的问题都看透、理解了，我只是对中国部分的内容有了一定的理解。之所以网上有 100 万人来关注我，和我进行交流，可能是我带来了不同的视角，我对中国一部分问题提供了我的观点，但因为我不是中国人，所以我们的起点可能不一样。

吴晓求：我认为，罗思义教授这本书写得非常好，他对宏观脉络的把握很清楚。虽然在这本书里他说 70 年，但实际上重点还是放在了改革开放到最近的一段时期。所以，我们要从这个角度来看，他不可能把我们国家 70 年的历程全写出来，如果写出来要花大量的时间；而且写这种书的人有很多，我们更希望看到一个外国学者对从中国经济发展的视角，特别是党的十八大以来，我们国家走高质量发展道路的一些新的看法。说实话，目前还没有一个人写得出来，因为差别太大，人们都有分歧。当然，对前 30 年，刘老师讲到，毛主席的《论十大关系》是那个年代最好的宏观经济学，现在我们也继承了这个宏观关系。虽然我们走了市场化道路，但在正确处理好各个方面的关系时，还是继承了毛主席的《论十大关系》；只不过我们的经济体制完全不同了，那时是计划经济道路，现在是市场经济道路。

图7　罗思义教授讲座现场

今天的主题是“中国经济70年：为何常常被误读”。中国经济的确经常被误读，我认为有以下几个表现。

一是“中国经济崩溃论”。“中国经济崩溃论”从20世纪50—60年代就已经开始了，到70年代，有人说中国经济的确基本崩溃了。改革开放之后，80年代末、90年代末都有“中国经济崩溃论”的言论。因为各项指标认为中国经济要崩溃、难以为继，特别是金融和实体经济的关系。中国经济显而易见没有崩溃，而且越来越有活力。

二是“中国经济扩张论”或“威胁论”。有人认为中国不断地扩张，搞得人家没法生存了。他们认为，你的劳动力这么廉价、这么优质，现在高科技领域又很厉害了，从最低端到最高端的制造业中国都有。他们说“你不符合国际分工”，好像中国就应该在产业链后端，前面最好的只能是发达国家。不是这样的，中国要做最好的、最尖端的，也要有最基础的，因为中国是一个大国，必须保留世界上最完整的工业体系，但是这样人家就不舒服了。

三是“债务陷阱论”。人家总觉得我们对发展中国家提供援助有什么阴谋，所以，“债务陷阱论”甚嚣尘上。

四是“生态破坏论”“生态末日论”。当然，中国经济对生态的破坏极其严重，我们现在正在改变。对于这一点我们要听取意见。

五是“中国经济泡沫论”。有些人质疑中国经济能不能可持续增长、有没有这样的动力，以及中国经济的泡沫很多，质疑我们的统计是假的、我们的能源消耗根本就不可能达到多少、中国不可能有 98 万亿元人民币的 GDP 等。我认为，我们有些统计是虚的，有些统计又保守了，正负相抵实际上也是差不多。我还是从宏观层面看相信我们没有多大的“水分”。“中国经济泡沫论”者认为我们的经济全是泡沫，这根本没有基础。

这些都是被误读的。我认为，中国经济要注意几个基本原则：

第一，走市场化道路，处理好政府和市场的关系，特别是尊重市场的作用，市场起作用的地方政府就别起作用。一定要注意这个边界。

第二，一定要开放。没有哪个国家是关起门来搞现代化成功的，没有哪个国家能关起门来说成为全球最有影响力的国家。

第三，注意经济和生态的关系。我们不要把地底下的资源全用光了，要留给子孙后代，要有创新，通过科技创新推动中国的经济增长。

只要我们把握好这几个正确的方向，尽管途中可能有些波动，但中国经济还是会按照既定的方针、既定的方向向前发展。

四、观众提问

观众一：我来自中海油，我想请问罗先生一个问题，您书中说投资拉动是中国经济高速增长的关键，但现在中国的房子、高铁、机场基建过剩了，刚才吴校长说生态被破坏得太厉害，我想，未来中国能不能在绿色能源领域投资 8 万亿元，在建筑节能领域投资 4 万亿元，合起来是 12 万亿元，5 ~ 10 年干成。因为这两个行业再干也不会过剩，把雾霾治理好，中国可以大幅度减少石油、天然气的进口。大规模投资绿色能源、建筑节能的看法，拉动经济提高1～1.5个百分点的增速是否可行？

观众二：请问罗老师，中国的私营企业、私营部门和西方的私营企业有什么不同和相同点？目前有没有理论可以解释中国的私营企业、私营部门？

观众三："一带一路"高峰论坛这个月就要在北京召开，罗思义教授在新书里也专门有一章提到"一带一路"，目前中国虽然在发展中国家建设基础设施，但还是被国外质疑"债务陷阱"，您认为其中的原因有哪些？

观众四：刚才王文老师特别提到诺贝尔奖的问题，几位老师也谈了一下。有人认为中国的一位经济学家杨小凯，他如果没有英年早逝就已经得到了诺贝尔奖。请问吴老师怎么看？杨小凯是不是合格的候选人？

罗思义：首先，我不赞同您说的基础设施已经建到头了。人均来看，中国的铁路还不到美国的1/4，公路也不到美国的1/4，所以总量虽然很可观，但人均基础设施还是远低于美国，而且基础设施是没有过多的。我负责伦敦的经济政策差不多有8年时间，在伦敦，人均GDP一年超过5万英镑，超过北京、上海的2倍，我当时在任时，所有的呼声都是需要增加基础设施，包括ICT信息通信基础设施、高速运输网络等。对于中国来说，坦诚地讲，基础设施还是不够的，能源也是一个关键的议题。我有个朋友就是能源方面的资深专家，我周末的时候还会跟他约见，他的观点也是，从清洁能源上说，中国现在应该是领军的国家，总的二氧化碳排放量每年下降3%，换言之，比GDP排放强度下降了3%。中国的太阳能发展得尤其迅猛。从环境的角度来说，中国的确是一个世界领军的国家。美国退出巴黎协定会给全球带来挑战，但从全球环境角度来说，大家都期待着中国能更好地发挥领导力。

对私营部门来说，最大的问题是，你的员工是你的管理层。美国的企业开始走出国门的时候，需要培育出有能力在海外管理的管理人员，因为一旦离开国门之后，对管理层的挑战是巨大的，欧洲企业也花了20年的时间作筹备，这个过程是没有办法加速的。

比如ICBC（工商银行）在西方机构当中是全球最大的银行。ICBC可以在伦敦、纽约设立分点，但没有足够的人管理它，中国最近5～8年才真正开始在海外管理员工。我希望这个管理的进程能够更快一点，但估计还要12～15年，因为你需要的是几万名能够在海外进行管理工作的员工，这需要长时间的积累。

讲到“一带一路”，从西方的角度来讲，很多人以及西方媒体都会批评。我认为，这是最愚蠢的一种批评方式。你觉得在它的现金流之外，比如GEM是在现金之外进行投资，它要借钱，大的投资都是借钱，你觉得这样的投资回报要比你借的钱还要多。如果你知道不应该借钱，就不需要开发你的金融系统，也不会有大规模的投资。所以，我觉得这样的一种批评是非常愚蠢的。

从美国的角度来讲，它们有长期贷款发给美国的人民，这时候突然有些人发明了一个理论，认为借钱是不好的，但美国就是这样的经济，就是靠借钱发展起来的，而且这些公司天天借钱才能够去发展自己。所以，这只是个宣传而已，它们的这种指责和批评没有任何理论基础，我看到了也都觉得心烦。

吴晓求：中国经济学家受制于两个因素：一是老一代的研究方法相对比较落后，没有达到科学化的程度，计量不够，准确性也不够。二是我们的学术载体、话语体系、语境环境也不够，并不是很多学者都能用英文表达的；研究成果用中文表达之后，只是在中国或中文世界里可以看到，但诺贝尔经济学奖是个英语的话语体系，这个载体受到了重要的约束。至于杨小凯能不能得诺贝尔奖，的确，他在华人世界里是具有卓越贡献的经济学家，如果他仍然健在，我非常希望他能得奖。但他研究中国的范本可能更重要。

主持人王文：谢谢吴老师，谢谢老罗。我认为，中国的 70 年非常不平凡，是一个非常伟大的探索，但这个探索对于 70 年的定论恐怕还是非常难的，因为这 70 年过于复杂，实践过于让我们难以琢磨，我们的理论还需要进一步跟上，不只是大量误读中国经济的西方理论要更新，中国的学者也要继续努力。这是我今天的学习体会，和老罗、吴老师两位大家的讨论对我有非常重要的启发，相信在座各位也有和我一样的各种各样的启发。

对话嘉宾简介

主讲嘉宾

罗思义（John Ross）：中国人民大学重阳金融研究院高级研究员，英国伦敦经济与商业政策署前署长。自 1992 年起，撰写了二百余篇关于中国经济及其与世界经济关系方面的文章，是新浪财经专栏和观察者网《意见领袖》常驻专栏作家。《别误读中国经济》是罗思义继《一盘大棋？中国新命运解析》之后的又一新作，并入选中宣部重点主题出版物。他在该书中用翔实的数据全面介绍了中国经济所取得的成就，对中国经济进行了客观、全新的解读。

研讨嘉宾

魏本华：中国人民大学重阳金融研究院高级研究员

刘志勤：中国人民大学重阳金融研究院高级研究员

卡斯顿·沃奈克对话吴晓求：

中国发展与亚欧时代

2019 年 4 月 27 日晚，中国人民大学重阳金融研究院第 41 期重阳论坛在北京举行。亚欧基金总干事卡斯顿·沃奈克以“中国发展与亚欧时代”为题发表演讲，对话嘉宾为中国人民大学副校长吴晓求。此次对话会由人大重阳执行院长王文主持，人大重阳高级研究员周戎进行了点评。

主持人王文：在“一带一路”峰会最后一天的晚上，我们请来了非常特殊的，也是非常重要的一位嘉宾来我们研究院做客。他就是亚欧基金总干事卡斯顿·沃奈克先生，我们用掌声欢迎他！

大家可能听说过亚欧基金，但未必完全了解。亚欧基金是非常重要的国际组织，过去几十年他们一直在推动着亚欧一体化和亚欧合作。我们之所以对它不太了解主要是因为过去这些年，在欧洲人的主导下，亚欧合作被我们“一带一路”的风头掩盖了。今天卡斯顿·沃奈克来中国参加“一带一路”峰会，也受到了习近平主席的接见。我请他在工作之余到中国人民大学来，让他跟我们中国人民大学的老师和同学们进行对话，讲一下中国发展与亚欧时代。

很多朋友都知道我们这个品牌栏目就是“对话吴晓求教授”。吴教授是中国顶级的金融学家，他也是一位金融思想家，更重要的是，这些年他一直鼎力支持我们研究院的发展。另一位嘉宾是研究院的高级研究员周戎老师，他也是资深的国际问题专家。

我们有三个环节：首先我们会请卡斯顿·沃奈克先生作一个主旨演讲，之后请吴晓求教授作一个点评，在我的主持下有一个互动；再之后请周龙老师作点评；最后我们会有一些相关的提问与回答的互动环节。首先我们欢迎卡斯顿·沃奈克先生为我们作主旨演讲。

一、主旨演讲

卡斯顿·沃奈克：谢谢大家，感谢王文院长的主持。非常荣幸能够收到邀请，在这样一个周末就“中国发展与亚欧时代”这个话题作一个简短的介绍。我会简单地讲一下亚欧会议和亚欧基金，再讲一下亚欧

图 1　卡斯顿·沃奈克教授讲座现场

和欧盟的情况，以及未来亚欧时代的发展，随后我愿意回答一些问题。

在欧洲，有这样一个问题："到底亚洲是一个什么样的概念?"或者，亚洲的人也会问"欧洲是什么?"大家也都知道，全球30%的土地都是在亚洲，而且亚洲人口最多，世界70亿人口中有45亿人都是亚洲人，亚洲有48个国家。从欧洲人的角度来讲，亚洲一般是不包括西亚的，我们把它叫作中东，或者把它看成一个单独的地区。亚太地区在亚洲的概念中更加凸显。

欧洲是什么样的概念呢?欧洲是人口最多的一个大洲之一，有7.5亿的常住人口，但只占了全球土地面积的6%。我们把亚洲和欧洲放在一起叫作亚欧，在一个大陆上面，地缘上有分割，不是由水路而是通过亚欧的山系分隔的。这个山系穿过俄罗斯和黑海，亚欧就是这样形成的。它占了全球36%的面积、70%的人口。

从历史上讲，欧洲是西方文明的发源地，但是亚洲正好也是最主要宗教的发源地，像印度教、佛教、道教、伊斯兰教等。亚欧不仅通过地缘政治联系在一起，同时通过丝绸之路有更多的联系。后来由于葡萄牙人、荷兰人、英国人等进入亚洲殖民，亚洲就出现了殖民的历史。过去几十年中，亚洲的贸易和投资的发展是非常好的，尤其是来自西方的投资。在这一千年中，亚欧之间的联系是非常密切的，之间的发展呈指数级的增长。

相较于欧美关系，以及美国同一些亚洲国家间的紧密联系，亚欧之间除了传统的贸易投资之外缺乏足够的交流。有感于此，23年前，也就是1996年，当时的新加坡政府联络了欧盟轮值主席国法国，提议举办一个亚欧领导人之间的峰会，这就是亚欧会议的缘起。1996年第一届亚欧峰会办起来了，成为政治对话的舞台，这个论坛在20多年中每两年办一次。

亚欧会议并不是一个国际组织，不像联合国，不像欧盟，也不像

APEC、东盟会议。它并没有一个秘书处，只是以会议的形式进行政府之间的联系。亚欧会议刚开始由26个成员组成，23年后的今天有53个成员参与，其中有30个欧洲国家、21个亚洲国家。可以看到，亚欧会议的成员形成的是全球最大的经济圈：全球60%的人口都生活在这个区域，这个地区涵盖了全球60%的GDP，50%的亚洲出口到了欧洲，55%的全球贸易都是通过其成员国完成的，这是一个全球最大的经济体。

成员的部长和首脑们要定期讨论如何更好地合作、解决全球的挑战和问题，这也是亚欧会议成立的初衷之一。目前关于环境、气候变化的议程越来越重要，大家也经常去讨论这个话题。此外，还有可持续发展、防核武器扩散、人口迁移等议题。上一次峰会于2018年10月的布鲁塞尔欧盟总部召开，大家还讨论了很多其他话题，其中一个是女性的赋权问题，人们认为要给女性赋予更多的权利，让更多的女性参与到社会的工作当中去，这样才能确保亚洲和欧洲社会更有效、更可持续地发展。另一个是数字化发展，ICT、IT、AI、人工智能这些内容都影响到了社会的方方面面，这是一个参与者都会积极讨论的话题。在过去的两年多，我是亚欧基金的总干事，这个组织成立于1997年，我们主要关注的是文化、学术交流、教育、可持续发展、环境保护、治理、人权，还有公共健康、卫生经济以及媒体方面的议题。

除了经贸联系之外，亚欧国家间的文化交流也日益繁荣。越来越多的中国学生赴欧洲求学，与此同时，也有更多的欧洲学生赴中国或亚洲其他国家生活和学习。专家学者之间的交流也非常频繁。两大洲彼此之间的联系越发紧密，国家间的伙伴关系持续发展。

在过去几年中，亚欧的地缘政治格局发生了重要的变化。最明显的就是中国的不断崛起。这种地缘政治的转变最明显的案例就是“一带一路”倡议，这是一个发展的倡议，它包括了建设和投资，关注的是互联互通与合作，涵盖的主要是欧洲和亚洲，同时也会涵盖中东和东非、拉美等地，有 126 个国家、30 多个国际组织参与到了“一带一路”倡议中。“一带一路”倡议所带来的项目规模达到了 4.8 万亿美元。我们的目标是“打造一个更美好的未来”，这是习近平主席的原话。

其他一些国家可能对“一带一路”倡议持一些怀疑的态度，认为“一带一路”倡议是中国想在国际舞台上发挥更大的作用。但是，无论你怎么看“一带一路”倡议，这是最大的基础设施投资建设的倡议，你不可能忽视它，这一点大家都达成了共识。

美国总统特朗普制造了很多地缘政治上的问题。在气候变化问题上，他退出了《巴黎协定》。在贸易问题上，特朗普总统质疑全球化，质疑自由贸易，而这些正是过去 70 年我们致力于解决的问题。他也在质疑美国的安全以及与亚洲盟国之间的关系，甚至在质疑北约。作为欧洲人，我们很难理解特朗普先生的这些质疑。TPP 是美国提出来的，而特朗普又撤出了 TPP，还有《跨太平洋伙伴关系协定》，我们也看到了特朗普在不断地质疑这个倡议。

放眼全球，我们看到了一些国际上的变化。权力的空心化逐渐出现，这种趋势迫使亚洲和欧洲不仅仅要重新评估它们彼此之间与美国的关系，同时也要重新思考一下自己所在区域和在全球中所扮演的角色。中国有一个词叫“危机”，中文的“危”代表了危险，“机”代表了机会，危机实际上是机遇的一部分。

世界格局存在诸多不确定因素。在这个背景下，欧盟其实也可以再次重申自己的立场。欧盟到底代表了什么？价值观又是什么？欧洲需要想明白三个经典问题，就是“我是谁？”“我要往何处去？”“我该做什么？”与此同时，就是民粹主义，尤其是右翼民粹主义现在在各个国家都有盛行的趋势。民粹主义崛起背后的意义是什么？大家为什么会关注民粹主义？

这也是亚洲之机，亚洲也可以重新审视自己。当然，亚洲人要怎么做、怎么发展，肯定不会由欧洲人来告诉。亚洲不等同于中国，中国也不等同于亚洲。中国占了亚洲 1/3 的人口，但还有 2/3 的亚洲人不是中国人，我们不要忘记这个问题，我们的问题是：在亚洲，中国应该扮演什么样的角色？

对于欧洲人来说，现在亚洲看上去是非常稳定的合作伙伴，至少比美国更稳定、更可靠。欧洲每年有一个慕尼黑安全大会，传统来说，这个大会一般都是讲欧洲和美国，但过去几年亚洲国家的话题也不断地出现。

美国优先主义引发了保护主义势力的抬头。在亚欧国家间都有这样一个想法，那就是用新的亚欧联系将美国替换掉。中国替代了美国作为德国在欧盟之外最主要的贸易伙伴国，欧盟也是中国最大的贸易伙伴。与此同时，欧盟也是东盟最大的投资伙伴，并且超过日本成为中国之后的第二大投资者，东盟也是欧盟第三大贸易伙伴国，仅次于美国和中国。在过去几年中，欧盟也同韩国、新加坡、日本签署了一系列自由贸易的协定，接下来也正准备同印度、越南、马来西亚、泰国、菲律宾、澳大利亚、新西兰开始贸易谈判。

欧洲和中国对于彼此还存在一些顾虑，既包括对经济风险的顾虑，又包括对国家安全以及欧洲政治影响力的顾虑。欧洲仍然不完全认同中国的市场经济，对于中国的出口商品进入欧洲仍然有保护主义情绪，这是中国需要考虑到的。现在欧洲到处都是中国人，上车睡觉、下车拍照，但欧洲好像还没有完全适应这一变化，我们需要有一个互相适应的过程。

此外，中国提议的“16+1”论坛也让欧洲有所怀疑。“16+1”是中国提出的，意在推动亚欧之间的合作，但是欧盟一些国家会问：“为什么是 16？为什么不是 28+1？中国是不是想要把欧洲分割成西欧和中东欧?”

对于“一带一路”倡议，欧洲人也有一些担心，集中在可持续性问题。我们看到这些项目开展得非常快、非常高效，但是不是足够考虑到了项目周围的环境？还有中国公司参与了这些项目的承办，很多的利润都流到了中国，因此，他们也在质疑这是不是双赢的项目。

但是，欧洲和中国之间的矛盾和冲突不同于中美之间的冲突，其实是一种竞争性的摩擦关系，如对于知识产权以及市场准入方面的争端。所以中欧关系不是大国间的权力竞争。关于中国和欧洲之间的关系未来到底是什么样子的，我想提三点我的思考：

第一，现在有这么多不确定性的因素，是不是也给亚洲和欧洲的国家提供了一个机会，使我们更加紧密地结合在一起进行合作？

第二，是不是可以重申一些国际政治经济关系上最基本的原则，比如说多边主义，全球化？

第三，亚洲国家和欧洲国家是不是可以一起去提供或承担新的全球领导人的角色？

我其实是非常乐观的，也抱有很大的希望，亚洲和欧洲将会携手共进，去讨论双边和全球的问题，并找到可持续的解决方案，创造更美好的未来。谢谢大家的聆听！

图 2　卡斯顿·沃奈克教授在重阳论坛作主旨演讲

二、点评演讲

主持人王文：非常感谢卡斯顿·沃奈克教授刚才40分钟左右非常精彩的演讲，他讲到了亚欧在过去很多年的历史，又讲到了现在亚欧之间存在的很多潜力以及目前存在的一些挑战和困难，也讲到了对未来的思考。他果然是一位杰出的德国外交家，讲到德国，我们就很容易想到哲学，他把亚欧的历史、现在和未来从哲学层面进行了分析，我们非常受益。接下来，我们也来听一听中国顶级的学者、思想家是怎么思考亚欧问题的，我们有请吴晓求教授为我们分享。

吴晓求：谢谢沃奈克教授给我们带来的内容丰富、视角多元的演讲，给了我很多的启发。他讲的都是国际重大问题。首先，他讲了亚欧关系，包括亚欧高峰论坛的历史渊源，也谈到了"一带一路"和亚欧的关系。他特别谈到了全球几十年来重要的变化，这些变化透视着未来世界将会发生新的历史性变化。他谈到包括如何接纳中国游客在内的文化问题，其中还特别谈到如何理解"一带一路"与"一带一路"的可持续性。他还谈到了一个特别敏感的话题，就是欧洲人所看待的"16 + 1"的机制，当然也谈到了美国基于美国优先的考虑所采取的一些令很多人不解的措施。

日本经济的发展，从一定意义上带动了亚洲的发展，改变了世界对亚洲的看法。但因为日本的经济模式和欧美是非常接近的，所以并没有带来今天这么大的一种价值冲突。中国经过40多年的改革开放，经济规模达到了90万亿元人民币，大概是13.5万亿美元，而且每年仍然在以6%左右的速度增长，中国这个国家有着深厚的历史渊源，有自己的文化传统、价值体系和制度安排，所以中国崛起对全球的影响，比当年日本崛起对全球的影响要大得多。从一定意义上说，现在说亚洲的崛起，在很大程度上指的是中国。

图 3　吴晓求教授作点评演讲

中国作为一个全球性的大国，理应为世界做出自己的贡献。中华文化源远流长，我们不仅仅是贡献中国经济发展的模式和经验，中国人的智慧以及文化也有非常大的可取性。我们提倡的是共享与和谐，这是中国文化非常重要的特征。

从古至今中国都是强调包容的，因为只有包容才会繁荣，包容可以吸收世界上各个文明体系的积极因素。昨天我接待了 AIIB，也就是亚投行的副行长兼首席投资官，一个印度人。他问了我一个问题，说中国为什么这 40 年来能取得如此难以理解的成绩？我讲，中国人不排外，特别能发现什么东西是好的，有极强的学习能力，同时又极其勤奋，加上我们 40 年前党的十一届三中全会作出了重大的改革开放的决定，解放思想、实事求是，小平同志把中华民族从一个精神枷锁中解放出来，中国人只要没有精神枷锁和思想的束缚，就会具有无与伦比的创造力。

除了文化，我们的科技、经济对世界的贡献也越来越大，中国经济对全球的贡献力已经是排在第一位了，特别是中国经济发展的模式和道路，对那些还处在落后状态的国家，我认为是有借鉴意义的。

沃奈克先生说很多欧洲国家不太认同中国的市场经济地位，我觉得这要放在一个特定的条件下看，可能在中国的市场经济中，国家或者是政府的作用比一些传统的市场经济国家要大，这是由中国的规模决定的。中国有 14 亿人口，如果放任自流，一定会带来灾难和混乱。你们一定要了解中国的国情。政府进行必要的干预、引导并不是要让我们某一类企业或者国有企业在竞争中得到优势，减少它的压力，而是因为我们国家发展市场经济没有经验。1978 年前中国实行的是计划经济，而 1949 年前的旧中国是很混乱的，我们根本就没有一套真正意义上的发展市场经济的经验。一方面，我们当然要学欧洲、美国、日本这样的发达国家；另一方面，我们也不会全部照搬。中国人有一个特点就是会结合中国的国情，把世界上好的东西与我们的国情结合在一起进行加工改造，这就成了适合中国的东西。这 40 多年改革开放的成就和我们正确地处理好政府和市场的关系有着密切的联系，我本人不希望政府这只“有形的手”伸得太长，市场经济有它的基本规则，比如说竞争中心的原则，比如说能用市场发挥作用的尽可能用市场。但在面临一些重大问题时，我认为是需要政府进行规划和协调的。实际上，市场经济在不同的国家虽然基本的精神是一样的，但运行模式存在不同。在市场经济面前没有歧视，任何市场经济的主体都不应该受到歧视，在中国，无论是民营经济、国有经济，还是外资经济，都是不能受到歧视的。但它们之间又有一些差异，世界上没有一个国家可以说两个国家的模式是完全一样的，都有这样那样的差别。

过去的 18 年，我个人认为中国在知识产权保护方面获得了巨大的进展。我们的知识产权有对专利技术的保护，也有对知识包括文献的保护、观点的引用，实际上，在中国知识界，现在这种抄袭、剽窃、窃取的现象大幅度下降了。要看到中国的进步，如果看不到进步，那就缺乏一个公正的评价。中国在保护知识产权方面要有新的进展，还要有新的更严厉的法律保护。

刚才沃奈克先生谈到了一个特别有意思的话题，就是“16+1”，就是中国和中东欧国家的对话。中国还真没有分割欧洲的想法，也不会有这种想法。一个和谐、稳定的欧洲，符合中国的利益，我们采取了很多的措施来维护欧元的稳定，从里面可以看到中国对欧洲是怀有特别好的情感的。

为什么会有“16+1?”我代表民间学者想说的是，中东欧国家的经济体量非常小，一个南斯拉夫就变成了六七个国家，因为它们又靠得很近，有共同的诉求，集体谈判比较符合现状。那16个国家面临的特别大的问题是基础设施很差，中国需要帮助它们改善基础设施。我还是想说，中国人没有那么大的野心，中国人把自己的事做好就很了不起了。谢谢大家！

三、嘉宾研讨

主持人王文：我想问沃奈克先生和吴老师，欧洲面对现在的中国崛起是不是有点害怕？是发自内心的害怕吗？您是怎么看的？吴老师您认为中国真的有让欧洲那么可怕的地方吗？您觉得中国还有可爱的地方吗？

卡斯顿·沃奈克：我的观点是，确实是有一些害怕的，但我觉得这也非常自然。我们看到这一屋子人，我们都是平等的，突然有个人进来了，他200多斤，比我们大家都高、都胖、都壮，我们看到这个人是不是有点害怕？这是非常自然的本能。相对于这个本能，其实更重要的是欧洲和中国需要提高自信来面对美国总统特朗普，以及应对美国这个国家。

我想德国的经验或许对中国有帮助。德国是欧盟最大的成员国，我们在人口的维度和经济规模方面都是如此，德国在欧盟是主导力量，但是德国并不会指使其他国家按照德国的方式去做。过去的经验告诉我们，如果我们平等对待其他国家，其他国家就不会害怕你。对中国来说也是如此，你让大家觉得是公正的，大家就不会害怕你的崛起和发展。现在，民粹主义不断地在欧洲涌现和崛起，我也不希望欧洲有更多的民粹主义思潮出现。所以我们要让特朗普以及欧洲其他国家的领导人意识到这一点，你的影响力非常大的时候，必须要小心地应对和其他国家的关系，不要颐指气使地让其他国家怎么做。

主持人王文：很坦诚，我们也非常受用，吴老师如何回应？

吴晓求：沃奈克先生讲得非常好，的确，一个大国的崛起在一定的时候会带来其他国家的猜忌，也会有一点点不安，不安有的时候是因为不了解这个国家，不了解是非常重要的因素。我们要表达自己的善意。

有一句话沃奈克先生始终都不提，可能是中国的政治体制引起了他们的不安，很多西方朋友对中国的担忧，与其说是对经济规模的担忧，或是对市场经济地位不认同的担忧，不如说他们认为中国这么强大是基于与他们不同的政治架构。如果中国的政治架构和他们是一样的，至少这个担忧会大幅下降，为什么美国那么强大反而没有多少人担忧？因为他们的政治架构和价值诉求是一样的，甚至包括宗教都是一样的。

但我要坦率地讲，中国从鸦片战争开始在不断地探索，最后，我们走了这样一条道路，这些年来，我们不断地改革一些观念，到目前为止，我认为是比较成功的。如果中国没有这套政治架构，我认为中国是会混乱的。

我想说，不要担忧，因为这个政治架构符合中国的情况，而且坦率地讲，我们不是好斗的，一定要认识到中国的这样一个特质。中国共产党最重要的目标是推动中国的发展，这是它的核心使命。很多的外国朋友理解不了这个东西，他把我们的政治架构和苏联时代的政治架构相提并论，给人们造成了很大的恐惧。可以看到全世界最安全的国家应该是中国，一个社会的安宁和安全就是这个社会的标志。

主持人王文：我们经常去学欧洲，沃奈克先生有没有重新发现中国的优点和优势？欧洲人有没有开始探索需要学一点中国的一些什么东西？我问吴老师的问题是，我们还应该向欧洲等发达国家再学习什么？

卡斯顿·沃奈克：这是一个很难但非常好的问题。像刚才吴教授所讲的，对未知的恐惧是存在的，如果从历史的角度来说，任何一个之前被殖民过的国家，都更加了解殖民者，而殖民者却不了解这个国家。尽管有一些欧洲的学者来到了亚洲，但我们是否真的懂亚洲或者真的懂中国？我自己的感觉是，在欧洲表面的有，深入的没有，讲到中国、亚洲、印度、新加坡等，其实欧洲人这方面的知识是非常有限的。

具体来讲，欧洲要学的实在太多了，欧洲也到了某一些领域的极限了，我们也没有解决方案，这也是亚欧基金非常重视的一点，我们在这方面是有工作热情的。人类的优势在于多样性和多元化，就是因为我们不同，所以才能坐下来共同探讨。

中国肯定有自己的处世方式，并且在不断地进步和增长，这是值得人羡慕的，比如其实欧洲要学习中国的社会管理，也要去了解，到底是什么在发挥作用，机制是什么，哪些是行之有效的，哪些是不够好的。

吴晓求：刚才我的确对中国的成就讲得比较多，但是我们一定要认识到我们和发达国家还是有巨大的差距的。

第一，我们一定要提高人民的素养。我们物质上丰富了，内心修炼是不够的。钱是次要的，精神的内涵是主要的。

第二，我认为要大幅提升社会的法治水平，中国要迈向现代化，法治是非常重要的。法治水平的核心是社会的透明度，一个现代社会的透明度特别地重要。

第三，我们还是要谦虚地向其他有先进文化、有很好经验的国家去学习，中国模式是中国模式，我们要认真总结，除了中国模式以外还有他国的模式，把他国的模式“拿进来”，就能使中国模式更加丰富。中国模式、中国道路、中国经验不是停滞的。

周戎：非常精彩，首先特别感谢吴教授和沃奈克教授的发言，这是两大文明的对话，是欧洲文明和亚洲文明的对话，也是国际关系学界或者外交界和经济学界的对话，十分精彩、可喜可贺。

卡斯顿·沃奈克先生您讲到了欧洲和亚洲为何总在一起，是因为过去我们共同和美国有联系，欧美和美国有联系，美国和亚洲的韩国、日本、菲律宾的关系也很密切，最后亚欧走在一起。现在美国在搞一些特殊的政策，使得欧洲、亚洲进一步走在一起。您后来提到了三个想法，并认为现在的变化不是革命性的变化。我对您的三个想法表示赞同而且充满信心。

刚才吴教授从中国的历史文化包括经济学角度讲到了中国之所以发展到现在的原因，重要的一点是，中国的变化带动了亚洲的变化，日本的变化虽然带动了亚洲的变化但是幅度不够大，所以未来中国带来的亚洲的变化和欧洲的变化会结合在一起，欧洲会更多地了解亚洲和中国，中国也会更多地向欧洲和亚洲学习。今后的社会、今后的世界，一定会在欧亚结合的新时代中更加美好。谢谢！

四、观众提问

观众一：沃奈克先生，中国有一条额尔吉斯河与欧洲相连，斯大林时代的苏联也想搞亚欧运河越过乌拉尔山。亚欧大运河是不是能作为一种亚欧合作的有意思的项目和我们中国来一起做？

观众二：沃奈克教授，我们将如何减少美国对欧洲和亚洲经济的影响力？因为在亚洲和欧洲，我们需要更多的安全和稳定，尤其是在丝绸之路沿线上。第二个问题是，如何让中国的发展模式对非洲有意义，同时西方又如何理解我们的模式对世界的贡献？

观众三：中国从日本战后崛起中可以得到什么经验和教训？

观众四：西方国家对中国当下的发展感到恐惧，能不能这样理解：这是由东西方文化的差异造成的，或者说是由东西方看问题的思维方式不同而造成的呢？

观众五：刚才吴教授提到了关于中国传统文化中好的理念——比如包容共生的理念，“各美其美，美美与共”。沃奈克先生来自西方文明的繁荣地——德国。我们有哪些共生的理念，可以阐述在欧亚之间，甚至在各国竞争与合作中实现机制上的合作共赢，实现政合的博弈？

卡斯顿·沃奈克：问题太多了，我只能尽力来回答，最简单的问题是亚欧大运河。对此，我持怀疑的态度，因为我们有海上的连接。由于全球气候变暖，我们认为不需要另一个亚欧大运河了。我觉得海运的形式要比走铁路更慢，促进中国和欧洲之间的铁路连接更加有效。关于这种连接的可持续性，我们看到有很多的农产品可以运回来，一个中欧班列从亚洲开到欧洲去装很多的货物，回来的时候也不用空着车回来，也可以装一些农产品再运回到中国。我们看到这是一个双向的货物的运输，而不是单向的。由于从地理上来讲还有很多的障碍，我对亚欧大运河还是持怀疑的态度。到底是不是要去挖大运河，像以前挖苏伊士运河一样？我是持怀疑态度的。

讲到美国对“一带一路”的威胁，这是很难的。我不是军事专家，也不是安全问题的专家，总的来说，我觉得安全问题在“一带一路”以及中国南海方面都是很难去管理的，但不应该用军事的话题或者是军事的话术，应该用外交手段。要把它从敏感中“拿下来”，放在比较安全的地方进行谈判，大家彼此理解，不会进入一定要用军事手段来解决问题的境地。不同的国家必须要了解彼此之间的利益、自己的威胁，这是非常复杂的一个话题，我很难给出任何的建议。

讲到市场经济，我自己也不是经济学家，所以我也不知道应该如何回答。我觉得可以谈、可以解释中国的观点，或者你是怎么看待这个问题的。可以谈就有改进的机会，但可能要花点时间来化解。解释一次好一点，解释两次好两点，一步一步的，这是一个过程。最重要的是，我自己是一个外交官，这个过程很重要，我们需要这样的对话进程，这能让正确的方向进行下去，而不是直接上来就推动，或者上来就有结果和结论，这也不太现实。

人和人之间都是有差别的，但最基础的是，我们都是人类。我们当然还有一些天生的差异，我们都是不一样的。我们第一眼就会看到差异，天生会看到别人的差异，但文明的方法是可以融合看待世界的观点。但实际上，如果你把它再下降一点，下降到最基本面，把刚才讲到的亚洲下降到基础的层面，你会发现，其他的仪式或者宗教，都是在解释生命的一些价值，你觉得生命中哪些好或者哪些不好，基本上都差不多。很多宗教最终指向的都是人类共同的文明，会有明显的表面上的差异，可是沟通之后就会发现有太多的相同点，相同点绝对是大于差异的，这也是我们想要去做的。所以，学习首先要学会听，学会听就是要找到一个共同点。差异实在是太大了，所以我们先不讲，先讲共同点，可以共享什么，在这个共同点之上再谈。任何的人类进步，任何的发展，都是由于多元化，都是由于多元性，最后找到一个共同点，共同打造一个新的事物。谢谢！

观众六：请问吴晓求教授，您怎么看中国的教育？

吴晓求：中国的教育了不起，特别是中国的大学教育，改革开放40多年，你想想中国的大学教育给中国的现代化建设输送了多少人才？数以百万计的工程师、数以十万计的科学家，以及培养了我们中国的领导层，这都是中国大学培养出来的，所以他们老说中国的大学不怎么样，我说中国大学了不起，原来那么落后，却培养出这么多人才，而且这些人才非常厉害。我曾经在我主持的一个会上讲，中国只要有一点就可以跨越“中等收入陷阱”，那就是中国的高等教育，因为它可以培养出高素质的人才和与高质量发展相匹配的人才，这是一个非常非常重要的点。阿根廷也好，巴西也好，墨西哥也好，南非也好，它们之所以老是停在“中等收入陷阱”中，一个非常重要的是劳动力素质没有相应地提高，跟不上高质量发展的要求，所以我最讨厌国外的大学排行榜，把中国大学排得那么靠后，他们不知道中国大学做了多么大的贡献，中国大学很好。

主持人王文：今天的对话太精彩了，这是一个亚洲文明思想和欧洲文明思想集成的两位优秀的思想者的对话，非常精彩。我建议，我们再次用热烈的掌声感谢两位教授！我们今天的讲座到此结束，谢谢大家！

对话嘉宾简介

主讲嘉宾

卡斯顿·沃奈克（KarstenWarnecke）：亚欧基金会（ASEF）第7任总干事。精通德语、英语、希伯来语、阿拉伯语、法语和西班牙语。曾任德国外交部顾问，负责处理德国以及欧盟参与东盟和亚欧会议进程事务，并担任德国外交部区域组织和亚太合作司副司长。拥有超过25年的外交工作经验，其中包括20年的亚洲工作经验。曾在德国驻美国纽约、印度钦奈领事馆，以及驻新加坡大使馆工作。

研讨嘉宾简介

周戎：中国人民大学重阳金融研究院高级研究员

帕拉格·康纳对话吴晓求：

世界即将亚洲化吗?

2019 年 6 月 11 日晚，全球战略家、美国国家情报委员会顾问帕拉格·康纳携其新书《亚洲世纪》与中国人民大学副校长吴晓求教授展开了精彩的对话。本次研讨会由中国人民大学重阳金融研究院（人大重阳）主办，中信出版集团合办。人大重阳执行院长、中美人文交流研究中心执行主任王文主持会议。人大重阳三位高级研究员刘志勤、周戎、王义桅也就此主题发表了观点。

主持人王文：女士们、先生们、媒体朋友们、各位同学，大家晚上好！欢迎大家参加今天晚上的重阳论坛，也欢迎大家关注“对话吴晓求教授”这一档非常重要的栏目。今天，两位中外资深著名学者即将有一场非常重要的对话。今天这场对话非常受关注，距我们发通知仅仅几天时间，就来了 300 人，济济一堂。今天的对话主题是“世界即将亚洲化吗?”这也是今天我们的主角之一帕拉格·康纳教授的一本新书的书名。我非常高兴中信出版社与我们合作，将帕拉格·康纳教授请到中

国人民大学来参加会议，推出《亚洲世纪：世界即将亚洲化》一书，这是一部非常不错的书。今天他将解读这部书，并讲述对时局的看法。

吴晓求教授今天也来到现场。过去他和多位世界知名教授进行了对话，这个对话栏目也将一直推进下去。今天的对话有三个部分：第一部分是请康纳教授作30～40分钟的演讲，请吴晓求教授作20～30分钟的点评。今天我们还请来了两位非常资深的高级研究员刘志勤老师和周戎老师，作5分钟的点评。最后争取剩下20分钟左右请老师们和大家一起互动。

下面，我们用热烈的掌声有请帕拉格·康纳教授为我们作主旨演讲。

一、主旨演讲

帕拉格·康纳：大家晚上好！感谢吴教授、王教授，我非常荣幸能够参加此次活动，和大家来谈谈我的新书。我发现亚洲人对亚洲的理解其实是非常不足的。中国人、印度人、日本人、伊朗人等相互之间的了解都不够。我们应该有更多的了解。亚洲拥有世界最多的人口，世界人口在2040年、2045年前后就会停止增长，马上就会有95亿的世界人口，大部分世界人口都在亚洲。

我们从历史角度来看亚洲。亚洲整体经济增长可以往回追溯50年。二战结束之后，日本是第一个最大的亚洲经济体，它开始崛起，到1975年，亚洲就成为世界第二大经济体。在20世纪七八十年代，美国开始害怕日本的增长，认为它是经济上很大的对手，其实当时没有人惧怕中国。

第二个亚洲现代经济增长浪潮就是“四小龙”的崛起，包括韩国、新加坡、中国香港和中国台湾，它们受到日本快速现代化、经济增长以及工业化的启发。“四小龙”在中国大陆也是主要的投资者。我想说的是，亚洲的崛起是整体的崛起，而不是一个国家取代另一个国家。亚洲的历史也不是这样的。所以我们一定要理解中国成为世界经济大国的背景。

亚洲经济增长的第三个浪潮就是中国，很多经济学家、很多书在分析地缘政治时都会停下来，大家都在关注中国，全世界都在提中国。但这并不意味着亚洲增长故事在中国这里就结束了。

亚洲经济增长正在出现第四个浪潮。巴基斯坦、印度、东南亚人口加起来一共25亿人，这些国家现在也都在增长，甚至经济增长速度比中国还要快。当然，它们都很贫穷，穷国自然就会增长得快一些。中国、日本、韩国、新加坡等国又开始去那些穷国投资，帮助它们，给它们带来工业、就业和基础设施。这就是亚洲整体的故事，中国不是这个故事的开始，当然也不是它的结束。中国是这个故事的中间点，也是它的中流砥柱。

我们可以将亚洲作为一个系统，而不只是一个接一个的国家。中国只占到亚洲人口的1/3、GDP的1/2，只接收1/2的外商投资，只代表1/2的资本外流，所以，中国绝对不是亚洲的全部。中国正在崛起，但重点并不是谁是第一，因为世界是多极化的。美国、欧盟都是世界经济系统的一极。去问中国和美国到底谁是第一？这个问题问错了，因为它是基于非常过时的、有限的理解，对于地缘政治的理解非常狭隘，因为这并不是单极的霸权主义循环，这是非常均衡分布的多极化经济系统。

中国正在帮助大家，尤其是促使亚洲形成一个更具一致性、连贯性的系统。从历史来讲，古丝绸之路期间，亚洲各国之间的贸易和思想交流、知识交流，各个方面彼此之间的连接以及与外部之间的连接更加紧密。15世纪、16世纪，荷兰人、英国人、葡萄牙人、西班牙人涌进来，意味着殖民主义存在，接着是冷战，所以，亚洲各国之间难有大融合。

20年前，一切发生了改变，这就出现了亚洲的大融合。我们发现非常快速的融合在亚洲各国之间发生，亚洲各国之间的贸易总额快速增长。整个亚洲的经济变化有一个过程，可以肯定“一带一路”倡议、亚投行（AIIB）的作用也在里面。

进一步亚洲的大融合，可以让这个大洲变成一个系统，这个系统是基于亚洲各国之间更为紧密的关系。这并不意味着这个系统是和平的。欧洲也是一个系统，但这个系统内部一直到1945年都是冲突不断存在的。我们现在有亚洲的系统，比以前来得更加紧密，无论是在日本、中国还是印度，它们都在追逐自己的利益，有时候是合作，有时候是竞争。当中国宣布“一带一路”倡议的时候，日本和印度的反应是，我们会有相关的连接走廊；欧洲就会说我们也会有互相之间加强关系的倡议，会有国际金融合作。所以，每个国家都对中国的倡议作出了一些反应。

在“一带一路”倡议中，彼此之间互联互通是基于激烈竞争的。即使它们竞争，这实际上可以给它们带来进一步的亚洲和世界各地的联系。欧洲和亚洲之间、非洲和亚洲之间的关系都会加强，互相予以投资。我称这个为“亚非欧大陆的回归”，亚洲、非洲、欧洲作为集体整体回归。15—16世纪一些贸易的全球网络很喜欢用“亚非欧”这样的概念。

当这个系统变得越来越强化时，冲突、摩擦就浮出水面了。中国、印度彼此之间纯粹只是邻国，现在两国高层领导互访非常频繁，在十年之后的交流更加频繁，很有可能带来一个强化的系统，同时带来摩擦和冲突。

“一带一路”倡议逐渐将欧洲、日本、印度各国纳入其中。其他亚洲各国也在快速发展，甚至比中国发展得更快，因为它们很贫穷，相对进程更快。这些国家正在利用中国的投资来获得信心和就业机会，这也是一个趋势。今天很多国家80%的外来投资来自中国，80%的出口都是去往中国。

另外，“一带一路”倡议带来了双赢的结果，它有很好的流程促进相关活动和发展。我想强调的是，多极化的亚洲出现是亚洲的趋势所在。

我花了非常多的时间待在包括一些以斯坦为后缀的国家进行研究，如塔吉克斯坦、哈萨克斯坦等国，这些国家的贸易商务都在发展，它们欢迎“一带一路”，当然，它们也想去塑造“一带一路”，并确保可能会给它们带来的中国的利益。

在新时代下，我们也进入新的亚洲系统，它可以持续几百年。也就是说，我们要准备好抓住在这些新兴市场中的机遇，以及几十亿亚洲人和欧亚大陆人带来的机遇，同时也要确保准备好迎接挑战。一些非洲人、阿拉伯人和印度人如果超过 70 岁或 75 岁，还记得殖民主义的过往，他们不喜欢殖民时代。我出生在印度，父母现在还在跟我说，他们有多么不喜欢殖民主义。一些国家或西方媒体觉得“一带一路”就是新的殖民主义，这就是它们宣传的口径。我本人是非常公正的人，我是支持“一带一路”的，我的整本书都在支持“一带一路”。但我想让各位知道，有 30 亿人还有着关于冷战和殖民时代的记忆，他们在这方面是非常敏感的。

在未来的 30 年，应该做的就是要继续加强互联互通，建设亚洲系统，但在外交方面一定要特别谨慎小心，要讲究方式方法，这样的话，系统才能非常和平。我们在亚洲内部本身就有一些潜在的冲突，有 8 个潜在的“冲突”，包括克什米尔战争、伊朗战争、印度边境、中国南海和朝鲜。亚洲如果想体现出自己的成熟、在世界中的中心地位，它就一定要有能力自己解决这些问题，否则其他国家或大国就会去欧洲或美国进行斡旋，参与其中。

我们其实不把自己看作有亚洲身份的人。你是中国人，我是印度人，有的人会说他们是印度尼西亚人或伊朗人，有谁会说我是亚洲人呢？但是要记住，在历史上有一段时期，我们是有亚洲身份感的。在一百年前，有个共同的反帝国主义、反殖民主义运动，包括中国人、印度人、伊朗人、日本人都有这样的运动，有过这样的时期，我们有共同的亚洲对话。

现在这样的对话又重新开始了，我看到中国很多游客都在亚洲旅行；很多亚洲学生在亚洲各国留学，包括之前看到商业往来也是越来越紧密，我们的媒体、电视台也都在互相报道，在北京举行过亚洲文明对话。对下一代来说，我们去创造一种新型对话是非常重要的，也是非常值得期待的。

毫无疑问的是，19 世纪，整个世界在欧洲化；20 世纪，整个世界在美国化；21 世纪，我们已经看到世界有多么亚洲化。当然，这个进程只是发生了 20 年，但我确实把它看作一个不可逆的过程，因为它刚刚开始。

如果你去德国、加拿大，它们其实都非常迫切地希望多引进一些亚洲的人口，包括这些非常聪明、勤劳，非常专业化的亚洲人才。当然，有些国家需要投资，需要资本，亚洲就有很多的资本来投资。不管用任何一种标准来衡量，我们都可以看到世界越来越亚洲化，这也是世界其他地方需要作好准备来迎接的一件事情。

最后再回应一下开头，我们进行这样的思考有两个原因：

第一，亚洲人需要加强相互之间的了解，了解彼此的历史。

第二，西方人以及世界其他地方的人需要了解在亚洲发生了什么，因为最终我们都需要讲述正确的故事，能够有正确的发展，也就是说，我们要达成共识，能够有一个共同的知识基础。

我想用全球历史的角度来结束我的讲话，亚洲的崛起并不意味着西方的遗产被消除了。今天的世界是多极化的，在 2050 年也会是多极化的，没有哪一个国家会一家独大。就好比一幅画，欧洲是一个颜色，美国时代是一个颜色，现在有一个亚洲的颜色，你在画这幅画的时候，其实加上一个颜色并不会把另一个颜色消除，而是会融合在一起。这就是我们现在正拥有的世界。25 年前，亨廷顿曾经说过，有世界的冲突，我想说，文明的融合在过去、未来都有，在全球也会有文明的融合，这是非常令人激动的事情，也是一件非常积极的事情。我一直都在全球各地旅行，我就在亲身经历这些事情，也想邀请各位能够亲身加入进来。谢谢！

图 1　帕拉格·康纳教授在重阳论坛作主旨演讲

二、点评演讲

主持人王文：非常感谢康纳教授刚才精彩的演讲，他讲述了一个让我们印象非常深刻的亚洲的故事，从 30 多年前开始讲到未来。坦率地说，学者要有批判性，我听了是不太“过瘾”的，因为今天标题里还提到了“冲突”。一会儿我有非常激烈和敏感的问题要问您。我们先掌声欢迎吴晓求教授为我们作点评。

吴晓求：首先热烈欢迎帕拉格·康纳教授来到中国人民大学演讲，同时也祝贺康纳教授出版新书《亚洲世纪：世界即将亚洲化》。刚才他就这本书谈了过去的历史、今天以及未来全球发展的趋势，他基本谈到了300年的变化。

19世纪整个是欧洲化，所谓“欧洲中心论”实际是从19世纪开始的。的确，19世纪乃至以前，欧洲的确对人类文明的进步、社会的进步、法制的完善、现代社会治理结构做出了特别大的贡献，应该说是人类社会走向现代文明重要的基础。

20世纪之后，我们进入“美国化”时代，虽然这时候欧洲仍然起到重要的作用，实际“美国化”也是“欧洲化”的延伸，因为无论是美国法律的传统，还是它的价值观、宗教信仰以及文化等，相当多地都是在继承甚至发扬欧洲非常有用的部分。20世纪“美国中心”更重要的是科技和经济的进步所带来的。

进入21世纪，世界正在向亚洲滑动、移动。在20世纪80年代，日本的崛起、后来亚洲“四小龙”的经济发展，世界经济向亚洲移动。康纳教授作了非常好的总结，他认为这种移动最先起源于日本经济的起飞，特别是1945年日本战败之后，日本执行了适合本国的，包括产业政策在内的一系列发展战略，使日本从一个战败国非常快速地成为经济上非常有竞争力的国家，曾经在一个时期也成为全球第二大经济体。之后全球资本的移动、亚洲“四小龙”的崛起，又进一步地使这种经济向亚洲移动的“接力棒”传下来。这是康纳教授的概括，我非常赞成这样的概括。

实际上，无论是战后日本经济的发展，使它成为全球第二大经济体，还是到后来亚洲“四小龙”的崛起，还不足以说明世界经济的舞台中心在亚洲，只能说亚洲的作用在明显提高，但还不能说明，甚至还看不出世界舞台的中心正在缓慢地向亚洲移动。真正能看出明显迹象的，我认为是中国1978年开始的改革开放，也就是说中国的崛起，通过40多年的改革开放，中国从一个经济规模只有3650亿元人民币、在世界上处在第16位的经济体，成为经济规模已经超过90万亿元人民币，远远超过日本的第二大经济体。从这时候开始，世界经济向亚洲移动的速度，应该说以“加速度”的方式呈现出来了。

到2018年，应该说世界经济基本确立了三角的关系，美国仍然将在全球无论在科技还是贸易、经济实力方面占据绝对的主导地位，这一点我们必须要现实地承认它。

第二个重要力量就是欧盟的形成，特别是1991年签署的《马斯特里赫特条约》，意味着新的欧盟产生和欧元形成。欧盟的形成确立了其世界第二大经济体的地位，中国经过改革开放40多年的经济发展，至少到目前为止，它是三角里的重要一角，也就是美国、欧盟、中国形成了新的三角。亚洲的作用迄今为止可能更多的是讲中国的作用。

从未来角度来看，我也赞成康纳教授讲的，未来会有第四波浪潮，也就是中国的发展并没有结束亚洲在全球地位的提升，它只是一个极其重要的关键阶段，以加速度的方式提升亚洲在全球的地位。康纳教授也提到，在东亚、南亚、东南亚地区，人口加起来有25亿人，人口相对年轻，经济会以更快的速度增长，这可能是第四轮浪潮。

经过四轮之后，的确可以确立亚洲在全球经济非常重要的地位，但是我不敢说它中心的地位。我一直没有用“世界即将亚洲化”的提法，因为我认为还是要认真地去看待它。刚才我认真听了康纳教授的逻辑线条，认为他尊重了历史发展的事实；同时，他也强调了亚洲的不稳定性和不确定性。亚洲地区应该是世界上所有地区里最不稳定的地区，是文化最多样化的地区，而且内在的冲突，无论是文化、宗教，还是地缘政治，都充满了高度不确定性。

未来世界舞台中，亚洲的力量在大幅增加，发言权也在提高。但我作为学者，对当今的世界抱有深刻的忧虑，因为它的不确定性比二战之后相当长的时间都是要明显的，也就是说，二战之后所确立的很多规则、制度，面临严峻的挑战，如国与国之间的相互尊重、相互平等，一个国家的独立自主，这都是二战之后所确立的一种基本认知，包括对殖民主义的反对，这都是明确的，也包括经济生活中相互利益共享、平等互利、相互交换、有问题相互谈判、相互妥协这样的在二战之后所形成的东西受到严峻的挑战。实际上，强权主义现在越来越盛行，这个世界充满着一种强权、一种霸权。霸权主义来自民粹主义，民粹主义会使一个国家封闭，民粹也会使这个国家形成霸权。

之所以出现这种现象，或许预示着未来经过相互磨合，我们能达成新时期的21世纪20年代之后新的全球规则，因为达成新的全球规则非常重要，它可以保证经济的秩序、经济的效率以及整个全球安全。二战所确立的，以GATT、WTO为核心规则的这套贸易体系在那个时代有它的合理性，或许现在需要一定程度的修改，但这个修改绝不是以某一个国家凌驾于其他国家之上为利益原则。未来还是应该强调所有的国家，无论大小，都应该享受到经济发展、科技进步所带来的福利，这是一个共同规则。保护知识产权并不意味着技术被人类社会所垄断。

图2　吴晓求教授作点评演讲

亚洲在未来，在世界经济的舞台上要发挥特别重要的作用，我认为有几点是非常重要的。

第一，我们一定要推动开放的政策。封闭不可能使一个国家发展，只会使世界有无穷多的“孤岛”，它完全阻碍了我们的资本、经济要素的自由流动，严重损害了经济的效率，严重损害了亚洲人民的福利水平。开放的亚洲非常重要，开放的本质是包容，开放不意味着利益独享。排除他国利益、本国利益至上不是开放，而是霸权主义。所以，人类要坚守开放和包容这样的基本策略；还要学习他人，因为每个国家都有每个国家的优点，相互借鉴、学习、包容变得特别重要。

第二，一定要进行创新，要有创新的制度、规则、政策。没有创新，一个国家，包括亚洲都不会进步。当然，技术创新特别重要，经济结构的转型是通过技术进步来完成的，自然资源、人口红利完成不了经济结构的转型，只有技术的进步能够推动经济结构的转型；只有技术根本性的变革，才能带来经济长周期的出现。技术革命是经济充满活力的根本保障。

第三，教育和劳动力素质的提高。技术的进步不会从天上掉下来，而是要通过高素质的人才来实现。所以一个国家的教育非常重要。任正非先生是个低调的人，但最近频繁接受世界著名媒体的采访，我被他的战略思想所感动，几乎没有哪一个企业家有他那样的战略思想、忧患意识和底线思维。任正非先生看得很清楚，所以从容不迫。最难得的是，他深刻地感受到，一个国家教育的重要性。他认为，国与国之间的竞争其实质是教育的竞争，教育竞争的核心是人才的竞争。所以中国的教育肩负着极大的使命，我们必须培养具有创造性思维的人才。我们在总结全球经济发展时，曾经非常羡慕巴西，巴西在20世纪60年代蓬勃发展，阿根廷更早，还有南非和其他国家，它们在一段时期内都蓬勃发展，到后来都停滞，进入“中等收入陷阱”。最重要的原因一定是它的教育没有跟上，没有培养出跨越“中等收入陷阱”的高素质劳动者。我们必须培养这种人才，只有这样才有技术创新、产业结构转型和升级换代。

第四，我们一定要建构坚如磐石的法制精神和契约精神。现代社会，法制和契约是基本标志，没有坚如磐石的法制精神和契约精神，这个社会就没有预期，就不会引导投资，经济增长就没有动力。我经常说，现代社会的核心标志是坚如磐石的法制精神和契约精神，亚洲要进一步发展，需要这样的法制精神和契约精神。

第五，文化和价值观的提炼。要成为中心是要消亡价值取向的，当然，亚洲人有亚洲人特别的理解。亚洲的力量中，中国发挥着特别重要的作用，印度在未来也会发挥特别重要的作用。我特别希望，中印两国在亚洲的发展中能够携手前进、共同合作、应对挑战，使世界经济真正进入亚洲化的时代。谢谢大家！

三、嘉宾研讨

刘志勤：谈世界和亚洲的前提要清楚，现在世界和亚洲的大局势究竟怎么样，特别是亚洲在世界的局势，很多人并不是特别清楚。

亚洲是什么？亚洲是个“火药桶”“半休眠的火山”。世界上的主要矛盾基本都集中在亚洲，世界上没有哪个洲有亚洲如此多的地缘政治冲突。亚洲有以下几大特点：

（1）亚洲一直是西方高端武器的实验场。从朝鲜战争再到越南战争，再到现在的中东，亚洲始终是美国武器的实验场。美国牺牲了大量亚洲人民的性命，来提高它们的武器性能。我认为，亚洲还是亚洲，世界绝对不要亚洲化，要保持割裂区域，亚洲自身的特点非常重要。

（2）亚洲一直是西方发达国家的原料供应地，特别是橡胶，这是现代汽车工业非常重要的原料。

（3）亚洲是劳动力的供应场所，为欧盟和美国的发展提供了大量的低价劳动力。

（4）亚洲是市场。亚洲成为世界的工厂，也成为世界的市场，仅贸易上的增加和贸易上的活跃不足以支撑以亚洲为中心的发展模式。这一点要特别引用美国前官员理查德·哈斯的话，就是前总统布什的助理国务卿。他当时说，那时的时代是失序的时代，但现在的局势比那时候还严重。他认为，失序的时代是中东伊拉克萨达姆造成的，但现在的情况是失控，这个失控可不是中东那些小国家闹的，而是美国人闹的。

图3　刘志勤教授作为嘉宾参与现场研讨

周戎：首先，别人没有想到亚洲的融合。20 世纪 50 年代，只有东南亚条约组织和中央条约组织，那时还是美国领导的军事同盟。但是到了现在，东亚出现了中日韩，在东南亚出现了“10 + 1”“10 + 3”，甚至还有东盟对话机构，把印度、澳大利亚、新西兰、俄罗斯都纳入进来。所以，亚洲后来的融合度虽然没有想象的那么好，但一直试图在融合。

我认为，亚洲化就是世界化、全球化，亚洲有了葡萄牙、西班牙、荷兰、法国、英国，后来还有美国和德国，它们进入了亚洲，把欧洲的文化带了进来，亚洲又产生了自己的文化，如伊斯兰教文化、佛教文化和儒教文化。所以，亚洲的文化是世界上最全的，也是最能影响整个世界的。因此，我比较赞成“一带一路”的主要沿线还是在亚洲，而通过亚洲向非洲、欧洲和其他地方扩展。

图4　周戎教授作为嘉宾参与现场研讨

王义桅：我有三个看法，体现为三个关键词：亚洲、亚洲人、亚洲化。

（1）亚洲的概念。亚洲这个概念是欧洲人创立的，它不是与生俱来的，不同于以前欧洲的文化。亚洲很少有亚洲版本的自由贸易区或类似构想，原因很简单，亚洲还没有长大，从原来的欧洲化到美国化，再到后来日本带动的所谓“雁”形增长模式，但日本主要还是美国力量的延伸。还没有说中国、印度的崛起带动整个亚洲的崛起，因为中国的崛起是全球化的产物，不是亚洲崛起的象征，包括印度也一样。

（2）亚洲人。亚洲国家很少有人说自己是亚洲人。曾经著名的欧洲一体化之父认为是先创造了意大利，然后再创造了意大利人。所以先有亚洲，再有亚洲人，现在亚洲的概念还没有完全达成共识，亚洲人当

图5　王义桅教授作为嘉宾参与现场研讨

然也就不可能有这样的 identify。

（3）亚洲化。亚洲不再是欧洲化、美国化，正在朝向亚洲化，但这是进行时，处于初级阶段。亚洲真正要亚洲化，首先亚洲的内部贸易要比对外贸易多。亚洲的互联互通水平要超过亚太地区、欧洲地区或中东地区。但是，我们现在还存在一定的心理距离。所以，亚洲并没有成为自己，并没有共同的价值观或身份。

再退一步说，“世界亚洲化”这个概念我非常不赞同，亚洲的崛起是一种包容性的崛起，我们叫“Inclusive Rise”。我们不排斥美国、欧洲，美国、欧洲在很大程度上已经成为我们生活的一部分，很难将它赶走。亚洲变成自己的亚洲不现实，也不符合全球化、地球村的概念。习近平主席提出的“人类命运共同体”超越了原来西方列强那种零和博弈的思维。

梁启超曾经提过“中国的中国，亚洲的中国，世界的中国”，套用这句话，今天的亚洲应该是世界的亚洲。我比较喜欢文正仁在韩国创办的杂志 *Global Asia*，今天的亚洲应该是“Global Asia”，不光是“Asian’ s Asia”或者“没有美国的 Asia”。亚洲是世界上最具有包容性的大洲，有各种文明、各种语言，它自古以来没有被单一力量所控制，亚洲没有产生欧洲这样的一体化原因也在这里。我们的共识就是“Asian’s Asianization is Globalization of Asia”。谢谢！

主持人王文：在中国，我们的确对亚洲概念的认同是很弱的。您是否认为这本书对亚洲的未来过于乐观了？

帕拉格·康纳：我并没有太乐观，或非常积极、非常正面、负面的想法，更多的是采用一种分析的形式来谈我的观点。

亚洲的国家是世界的中心，而且是在国防、军队、技术、现代化、系统、武器各个方面。现在的问题是，到底要有怎样的力量可以阻止我们走向战争？会不会继续重复欧洲的历史呢？也就是说，它的系统演进是通过战争，或者变得更加和平，或者我们可以跳过这个阶段呢？当然，我不是乐观，也不是悲观的。在最后，我说这是一个“选择”。

我认为，我们应该基于亚洲的过去和现在、亚洲的策略来理解亚洲的演变以及亚洲的未来，而不是基于欧洲的历史来理解，因为两者之间几乎没有任何相关性，对亚洲也没有任何借鉴性。

王教授提到一个非常重要的点，中国通过全球化崛起，加入供应链系统中，我也提到全球供应链和全球市场体系是怎样运作的，我也想再次强调这一点，这也是为什么每一轮增长浪潮都在加速。这并不是亚洲内部系统的一些变化，而更多的是因为全球系统的变化。所以我更相信“全球亚洲”的说法。在今天，中国对亚洲、全球化也是越来越开放，美国或其他地方正在摒弃全球化，但亚洲正在拥抱全球化。

主持人王文：吴老师已经提到，当前亚洲的作用主要还是靠中国支撑，这一点我也非常赞同。康纳教授也提到，亚洲的 GDP 中国占一半，要不是过去 10 ~ 20 年中国的迅速崛起，日本和亚洲“四小龙”并不足以支撑起亚洲的崛起。我的问题是：美国的因素很重要，在我看来它不允许亚洲崛起，谁崛起它就打压谁——日本崛起打压日本，亚洲“四小龙”崛起后被一场亚洲金融危机打回原形，现在中国崛起美国也开始打压中国。当然，我对中国非常有信心，不认为中国会成为第二个日本。康纳教授在美国国家情报委员会工作过，您认为，美国会像当年打日本一样，成功地遏制亚洲吗？

帕拉格·康纳：历史通常不会重蹈覆辙，中国已经受到了教训。据我观察，现在美国对中国的控制并没有它以为的那么大。中国已经有其他的贸易伙伴，甚至是比美国更大的贸易伙伴，它们以人民币结算来进行贸易。

谈到技术的进口时，中国有各种不同的供应商。谈到创新时，中国也在提升自己各个领域的创新，而且这是不同领域的要求。我认为，现在没有清晰的战略是非常确定的，即使你制定战略时也必须要考量行动之后得到的一些反应，也就是你要学一些东西。相信“一带一路”倡议和“一带一路”沿线国家给出反应时，中国也必须将其考量。所以，战略是复杂的，它是在复杂的世界、复杂的环境中形成的。

吴晓求：亚洲在全球事务中扮演着越来越多的角色。无论从经济规模还是实际影响力来看，今天的中国对全球所产生的影响力远远超过了当年日本作为第二大经济体对全球所产生的影响力。这可能是因为日本的政治制度、经济结构、市场化特征，以及它的价值观和某些宗教特征都与欧盟相似。

中国在这些方面和欧美主要国家存在差异，从而使中国有如此大的影响力，也因此才会让美国产生如此大的心理障碍。我认为，中国之所以能有今天，首先不是来自全球化，而是来自中国内部市场化的改革，没有中国内部市场化的改革，再全球化也成就不了今天的中国。

所以，1978 年开始走市场经济道路是中国发展的起点。恰恰在这

图 6　王文院长主持对话

40 年，我们倡导经济全球化。在市场化的基础上，中国的发展得益于经济全球化、贸易自由化和投资便利化。今天的中国之所以非常坚持经济全球化、坚持多边主义、坚持国际化和全球化，就是因为经验告诉我们，单边主义是成就不了大事的。

图 7　帕拉格·康纳教授讲座现场

四、观众提问

观众一：我是从事国际贸易的企业家。康纳博士，我的问题是，很多媒体都说到，印度在世贸组织 WTO 多哈谈判之后，吸引了很多的注意。我们有没有这样的系统，印度会不会支持中国成为“领头羊”，印度会不会自己成为领导者，或者中国会面临成为领导者的趋势吗？

观众二：谢谢康纳教授，我来自北京大学，我的专业是国际政治，我想提一些针对您演讲的问题。第一个问题是关于俄罗斯的，因为它是一个非常特别的国家，尤其是它的地缘区域性位置、它横跨亚洲大陆的特征。您怎样看待俄罗斯在您刚才提到的亚洲化发展中的角色或作用，以及它的影响在整个中俄双边关系中的角色和作用是什么？

第二个问题，在亚洲国家的多元化发展中，我们仍然可以看到区域的一些融合、整合的发展，如中东、中亚地区、南亚地区。那么在什么样的程度上，您会认为未来各个国家的趋同以及合作特征会基于各种不同区域的联合体、区域的组织或起支柱性作用的主要国家来主导，包括中国、日本、印度？

帕拉格·康纳：简要地回答一下，关于您说到的印度在多哈谈判里的角色。有这样的亚洲系统，并不意味着某一个国家会将其全部统一或联合起来，我是说没有第一强国。亚洲必须是多极化发展的，而且会持续以多极化发展走向未来。中国会比其他国家更强大，但并不意味着这个系统是单极化或以中国为主导的，也并不表示一个国家必须要支持另一个国家，仅仅是因为它们属于同一个系统，没有这样的说法。再次强调，意大利也加入了“一带一路”倡议，但它其实是欧盟的一个成员国。意大利加入中国的倡议，不是以区域的形式，而是根据经济组成成分、经济架构参与其中。

就农业贸易而言，从巴西到印度，再到澳大利亚，大家会发现它们在 WTO 世贸组织中的利益趋同，当然也会有一些区域在世贸组织谈判中，发展中国家彼此成为合作伙伴，但还是会有一些实质性的不同，主要根据它们国内经济发展、经济架构和经济利益。所以，你也可以问我巴西、沙特阿拉伯、俄罗斯、埃及或中国，但一提到世界贸易组织，它们的重点不是不应该跟随中国，它们不关心这一点，它们只想做符合自己利益的事情。在印度的例子中可以看到，在最近的 WTO 农业的谈判中，印度拒绝退出，拒绝采取完全开放自己的市场，不能够让外部市场和内部市场享受同样的地位。

说到俄罗斯的问题，其实非常有意思，如果你学地缘政治，肯定会对俄罗斯非常着迷。20 世纪 80 年代有一个说法是“欧亚是世界的岛邻”，我的书中也多次提到俄罗斯，我也在想把俄罗斯放在亚洲章节还是欧洲章节，最终的答案是两者都要有。如果看我的第一本书，俄罗斯在一开始有，150 页之后又会提到俄罗斯，俄罗斯好像在每个章节都会有，除了撒哈拉非洲以南地区没有俄罗斯，其他地方都会提到俄罗斯。

在这本书中我想清晰地记录俄罗斯的亚洲化，如在贸易平衡中、投资流入中、技术合作伙伴关系中（例如华为正在做5G）。还可以看到外交层面，习近平主席刚去拜访了俄罗斯的普京总统。俄罗斯并不是欧洲国家，但大部分俄罗斯人都把自己看作欧洲人，俄罗斯在经济和外交上和欧洲有着千丝万缕的联系，他们会有免签证的欧洲旅游，我们都没有。所以，它和欧洲、北约有很多联系。

亚洲不是一些国家的集合，这个答案也是一致的，我有一张地图将海湾地区放成粉色，像科威特和沙特阿拉伯；另一部分地图我将东盟国家放成黄色，东盟国家是一组。所以可以看到，在亚洲化过程中，国家间的相互联系是一直在增长的，在此区域内的国家一直在加强自己在外交和政治上的关联，有一些国家的群体越来越紧密、越来越快地在一起，如可以看到印度、东南亚之间的关系变化，其他国家的关系发展更缓慢一些，所以，答案也是两者都有。

吴晓求：我谈一下对未来的预期，首先，这个世界，亚洲的确起了很大的作用。亚洲世界，我还是坚持中国起了特别重要的作用。我希望这个世界是多元的，不要搞单极。多极的世界既有利于竞争，又有利于稳定，我相信文化是多元的，经济是多样性的，政治制度也是多样性的，这个世界如果什么都千篇一律，没有什么意思。各国根据各国的需要，选择适合自己的政治架构，建立在多元化的基础上，我特别强调是一种利益共享、相互协商。这将对未来世界起到非常大的作用。

其次，作为一个中国人，我特别要说，对未来的环境要给予特别严酷、严谨的评估，如果没有这样一种思维，我们是会吃亏的。可以看得到未来的外部环境还是比较严峻的，要有自己的对策。更重要的是，我们要知道自己是相对落后的，我们有一个华为，但并不是所有的企业都是华为，因为像华为这样的企业是很少的，我们要多向它们学习，这是很重要的，人一高调就会得罪很多人；同时，我们要努力进取，这两件事情是不矛盾的。

最后，我内心希望进入一个亚洲的时代，但亚洲太复杂了，亚洲时代非常困难。

我就谈这三点想法。

对话嘉宾简介

主讲嘉宾

帕拉格·康纳（Parag Khanna）：著名的全球战略家，伦敦政治经济学院博士，现任新加坡国立大学李光耀公共政策学院高级研究员、美国布鲁金斯学会研究员，2007 年出任美国特种作战司令部高级地缘政治顾问。他也是美国有线电视新闻网、英国广播公司、《纽约时报》《金融时报》等全球知名媒体的特约撰稿人，著有《第二世界》《超级版图》《混合现实》等著作，被《时尚先生》杂志评为“21世纪有影响力的75位人物”之一，入选美国著名杂志《连线》“智慧人物”排行榜，被达沃斯世界经济论坛评为“全球青年领袖”。

研讨嘉宾

刘志勤：中国人民大学重阳金融研究院高级研究员

周戎：中国人民大学重阳金融研究院高级研究员

王义桅：中国人民大学重阳金融研究院高级研究员

克雷格·艾伦、达尼洛·图尔克对话吴晓求：

中美关系与贸易谈判——美国商界的观点

2019年6月19日晚，中国人民大学重阳金融研究院主办的“克雷格·艾伦对话吴晓球：中美关系与贸易谈判之美国商界的观点”主题研讨会在北京举行。美中贸易全国委员会会长克雷格·艾伦、斯洛文尼亚前总统达尼洛·图尔克与中国人民大学副校长吴晓求教授展开了精彩的对话。本次研讨会由人大重阳执行院长、中美人文交流研究中心执行主任王文主持。

主持人王文：尊敬的女士们、先生们，大家下午好！欢迎参加重阳论坛“对话吴晓求教授”栏目。今天是中国、美国、欧洲三方的重量级嘉宾对话。首先，我特别有幸能请到艾伦会长来人大重阳作讲座，我和艾伦会长相识于2019年1月份在亚特兰大卡特中心举办的中美建交40周年纪念研讨会。那天又在机场偶遇，于是我邀请他下次来北京时到中国人民大学来演讲，今天他信守承诺。我多么希望美国一些高级官员也向他学习。（全场笑）另外，特别感谢斯洛文尼亚前总统图尔克先

生，他是全世界第一个全职供职于中国智库的总统级外籍研究员，他为中欧之间的关系做出了巨大的贡献。还有一位大家都非常熟悉，在中国金融圈家喻户晓的学者——中国人民大学副校长吴晓求教授。

首先，让我们用热烈的掌声欢迎中美贸易全国委员会的会长克雷格·艾伦先生为我们作主旨演讲。有请！

图1　克雷格·艾伦教授讲座现场

一、克雷格·艾伦：对中美经济关系，我有八个忧虑

克雷格·艾伦：感谢中国人民大学，感谢吴晓求教授、王文院长的邀请。今天我想与大家讨论一个比较复杂但非常重要的话题，那就是中美关系。习近平主席很快就会与特朗普总统会晤，并且双方可能会作出重要的决定。借此机会，我会竭尽全力为大家提供客观的、美国的观点，以此帮助大家理解目前中美之间存在的问题。

我个人的经历为我看待中美问题提供了独特的视角。我非常荣幸在过去的35年中能以外交官的身份，代表美国关注中美关系以及中美关系的发展，特别是中国如何更好地融入全球经济，以及如何看待中国过去几十年间发生的重要改变。因为与总统以及美国政府当局存在分歧，我一年前从美国国务院辞职，我很幸运今天能够代表非政府组织在中国为大家提供美国商界的观点。美中贸易全国委员会共有 220 个成员，特别是企业成员，他们都与中国保持着业务联系，并且有投资，帮助中国能够更好地朝成为发达国家的方向发展。

图 2　克雷格·艾伦教授在重阳论坛作主旨演讲

6 月 29 日，也就是在两周后，习近平主席和特朗普总统将在日本大阪会晤，我觉得这是一个非常重要的时刻。本次会晤会成为 G20 峰会的核心，二十国集团峰会涉及多项议题，但我认为全球瞩目的焦点都会放在习近平主席和特朗普总统在大阪的会面。首先，特朗普总统的当选对于美国来说是一个大变革。奥巴马政府时期，美国政府与其他 11 个国家也就是泛太平洋国家保持了非常紧密的合作伙伴关系，它们对一些挑战的回应，包括对中国经济发展模式的看法是比较正面的。而有着精英商务背景的特朗普总统在 2016 年当选之后，民粹主义、民族主义被列入日程，特朗普总统采取了更加直截了当、更加双边、更加有冲突感的做法。

中美双方从2018年阿根廷G20峰会开始了一轮会晤和谈判，当时我们开始了一种谈判流程，一共有11次谈判，回看这11次谈判，我认为已经带来了一些成果，但是没有任何最终结论。特朗普总统将重点放在关税上，这其实挑战了WTO现行的国际规则。关税也带来了反制措施，中国的贸易措施和做法在过去30年看起来更有持续性，比如将美国用了关税，中国也会反过来对美国施加关税，所以这就是“囚徒理论”，在博弈论里这种做法叫“以牙还牙”，这就是中国贸易政策的做法。

从2018年以来，中美双方相互施加了很多轮关税，这对两国之间的贸易，以及中美两国公司造成了严重的伤害。如果这个过程继续下去的话，我认为所造成的损害应该是长期的、长远的并且是结构性的，也是危险的。中国的经济是非同寻常的。中国在21世纪初加入WTO之后，经济得到了长足的发展，从WTO的角度来看，中国经济的增长方式和速度是独一无二的。但在我看来，中国经济与全球标准走得越来越远，它与现在全球体制和标准是分离的。以WTO的标准来看这是一个大的挑战，我们应该做一些什么？作为全球最大的贸易国家和全球最大的制造大国，如果中国走向了另一个方向，这样的情况下我们应该怎么做？所以我给大家展示一下经济学家的观察，也就是中国经济是如何与全球经济分离的。

第一，中国国企相较于其他国家的国企发挥的作用大得多。我估计在中国，国有企业主宰了经济的40%，具有重要的作用。

第二，中国习惯于并且有能力和资源为技术的发展提供大量补贴。在中国，补贴的使用比其他国家更加频繁，这样会导致中国的贸易伙伴国比较紧张。

第三，中国有很多的外国投资限制，如保险业，也许外国的保险公司在中国市场只占2%的份额，这一数据在欧洲可能达到25%，在日本可能达到15%。作为贸易伙伴，我们是非常不高兴看到这一点的，我们希望广泛参与中国市场，如媒体、银行业、保险业、建筑业、航空业、工程、航运等领域。

第四，外国公司在中国面临很多的壁垒。在美国，中国公司与美国公司面临同样的法律；在中国，美国公司被叫作“外商投资企业”，与中国公司面临的法律是不一样的，我们希望的是有一个公平的法律对待。现在，确实有很多的困难摆在这些外国企业面前。

第五，在中国，很多的外资企业得不到审批，中国是一个很大的国家，地方政府官员的权力非常大，省级党委、市长的权力也非常大，很多情况下，他们会比较照顾当地的一些公司，外国公司不是本土公司，所以有的时候它们就没有得到很好的对待。

第六，在知识产权这方面，还是有很大的问题。在全球一些人看来，从非洲到欧洲再到美洲，80%的假货差不多都来自中国。因此，知识产权保护还是一个问题。

第七，政府发挥了巨大的作用来推动经济的发展。WTO是要促进市场经济的发展，中国的市场经济是带有中国特色的，这对WTO来讲也是一个挑战，因为WTO应该是促进纯粹的市场经济的，因此中国的加入也是一个挑战，因为中国政府在经济发展中发挥了太大的作用。

第八，中国有比较宏伟的发展战略，工信部发布了“中国制造2025”计划，从中国的角度来讲是非常正常的，好像也是习以为常的，但从外国人的角度来看，我们感觉到了威胁，因为有这种配额，比如说百分之多少的中国的技术要占比多少，这是有悖于WTO规则的。

所以，现在需要小心关于全球的技术竞争和战争。中美两个国家都需要遵循它们的法律法规，也要适当地关注国家安全，但不能以国家安全为借口来影响贸易政策。我觉得中国在这方面的主张有问题，同样，美国也有一些问题，我们的国家安全政策和技术发展政策应该是分开来看的，不能将两者混为一谈。

最后，中国对 WTO 来讲也是不太寻常的一个成员，是因为它对信息方面的控制是非常紧的，如外媒的报纸在中国不能发行，Google 和 Facebook 无法在中国运作，对外国人来说他们就比较难在中国营商，这是一些外国公司在中国市场所面临的困难。

感谢大家的耐心。其实这些并不是对中国市场的批评，我只是想让大家理解为什么我们有这样的一个讨论和对话。现在我们再来说一说贸易谈判的一些细节。中国的刘鹤副总理和美国的莱特希泽大使已经进行了很多轮的贸易谈判，但没有达成协议，这是为什么呢？在我看来，刘鹤副总理和莱特希泽大使就像是两个 CEO，他们原则上达成了一个合并的协议，这个原则上的协议是特别高层面上的，而不涉及细节。在贸易的谈判中这是常见的，大家有可能达成了共识，或者是基于一个原则，但实际上有一些细节问题，很难或者是更难达成。所以，在 5 月 13—14 日谈判停了一下，特朗普总统增加了一些新的关税措施，我们表示抗议，因为我们并不希望有这样的关税的制裁或者是新的措施，但特朗普总统认为这是有必要的而且是恰当的。

从中国的角度来讲，我认为整个谈判是非常困难的。昨晚，习近平主席和特朗普总统进行了电话沟通，在这样一个电话对话中，他们开始谈到要谈判，来看看有没有可能达成共识。现在我想跟大家谈一下我的观点，我认为特朗普总统要求中国做到的这些事情，对中国经济的可持续发展是有一些好处的。请让我非常简要地给大家阐述一下我的观点：关于知识产权，如果中国的一些发明者、作者、演员或者是创新者、科学家们需要非常重要的知识产权的保护，如果中国想要成为一个具有创新能力的国家，那么就需要更好地制定关于知识产权保护的一些措施。关于市场准入，如果中国的金融系统有更多的外来因素的参与，整个电信、航空、通信以及媒体这些行业都会更有效、更透明。中国完全可以提升自己的参与感以及核心竞争力，这个方法能邀请或者欢迎更多外来的力量参与其中。此外，中美两国都需要停止盗窃个人和商务信息，因为这是一个非常敏感的议题，也是一个非常重要的议题。我想在这里阐明的观点是，国企其实影响了中国的快速发展，差不多是 90% 的发展都是来自民营企业，中国 90% 的创新也是来自私营企业，所以我认为对于国有企业来说，有一个相关的市场纪律是非常必要的事情，对中国经济的发展来说也是这样。

我的下一个观点是关于产业措施的。我认为产业措施应该是公司做主决定，而不是政府决定。我同意，也承认，中国必须要作为领导者领导这样的技术革命和技术战争。但关于产业的政策，必须是全球化的。中国不应该有一种基于民族主义或者以国家为基准的产业政策，而应该是放眼全球技术发展、全球技术生态系统。

下面，请允许我用几个观点作一个小结。我认为中美双方正面临的主要问题是一致的，那就是全球化的问题。气候变化就是一个例子，我们可以共同以更有效的方式来解决气候变化问题，而不是以一种民族主义的情绪来解决。民族主义并不能解决问题，也并不能只从本国的角度出发来解决全球化的问题。

恐怖主义也是我们共同的挑战，中美两国都面临恐怖主义的威胁，我们必须要共同合作处理这个问题，因为这样会确保两国更安全。我希望我们可以解决双方的经济贸易的一些冲突，最好是在 6 月 29 日能解决，这样我们就可以将焦点放在需要真正面对的全球性、严重性的问题上。

最重要的是，解决中美关系中涉及的一些主要问题的一种方法就是通过经济手段。所以，我希望当我们将中美关系推向前进的时候，我们会解决相关的经贸问题。只要我们解决了经贸问题，我们共同面对的其他问题——无论是安全还是军事领域的问题都会变得更加容易解决，这不仅能够使双方受益，而且能够让全球受益。相反，如果我们不能解决经济的相关问题，其他问题会变得更难处理。让我们期待，希望特朗普总统和习近平主席能够有大国领导人的智慧和勇气，在接下来的日本大阪 G20 峰会期间最终达成共识，给全世界一个肯定的答案，这对两个大国来讲都是最好的选择。

主持人王文：非常感谢艾伦先生精辟、真诚的对美中关系和贸易关系的看法，我觉得他刚才讲的很多看法是非常具有延展性的，对我们中国社会非常具有启发性。他特别谈到了两国有共同的挑战。的确，中美之间虽然有经贸摩擦，可是在很多的问题上也有合作，如阿富汗问题。艾伦会长提醒我们要用更广的视野看待美中贸易关系、美中未来的关系，非常感谢艾伦会长带给我的启发。

一个美国商界的领袖如此来评价美中关系，那么，来自欧洲的政要，担任过斯洛文尼亚总统、联合国副秘书长的图尔克先生，他是怎么看待的呢？我们有请图尔克总统。

二、达尼洛·图尔克：G20 有两个目的，我对大阪峰会充满希望

达尼洛·图尔克：大家好。克雷格·艾伦先生刚才给了大家一个非常精彩的分享，他谈到的一些实质性的问题，包括他谈到的一致性、持续性的发展，我也想说我来自不同的区域，我是来自欧盟的。我们参与到了全球贸易、经济、合作等方面的工作，我们支持多边主义而不支持单边主义，我接着艾伦会长的演讲再来谈几点。

首先，我们要了解 G20 的性质还有潜力。2018 年 12 月我在北京，跟很多的总统会晤，也见到了习近平主席，我们谈到了很多问题。我们也看到了在 2018 年的 G20 峰会上，大家还是比较乐观的。参会的人并没有相互指责和批评，他们并没有谈论保护主义，他们谈论的是需要改

变现有的国际贸易体制和秩序，这是好事。3 年前，中国在杭州举办了 G20 峰会，非常成功。那次峰会上我们看到了很多共识的达成，比如如何解决气候变化问题。我们也对两周之后的大阪峰会充满希望。

G20 峰会有两个目的：一个是我们需要管理全球的危机。现在我们也看到了美国和中国之间有一些危机的迹象。二十国峰会就是要把欧盟、日本、俄罗斯、印度等国的人才聚来讨论如何管理全球的危机，也可以帮助中国和美国进一步地缓解双边关系。第二个目的是体制和机制的建立。G20 涵盖了 20 个国家，而全球有 200 个国家，所以二十国峰会可以引导全球体制机制的一些变革。我们也看到了 WTO 自己的贸易机制。我的专业是国际法，所以我研究了 WTO 及其前身关贸总协定约 30 年，我也看到了贸易机构是如何发展的。刚开始的时候，它只关注这些关税领域，慢慢地开始关注像补贴、技术标准、反倾销等问题，后来还有贸易、关税等方面的一些谈判。美国最早提议应该在全球的贸易体制中涵盖服务业，而当时很少有国家觉得这是很好的想法。但是几年后我们发现，我们在服务方面或者是知识产权方面可以达成共识，不仅仅是关于贸易和商品，所以我们需要一些转折点。

现在我们可能会有一些危机和问题，可是我们有 G20、WTO 和一些非常有效的体制机制工具，来管理全球的经济关系和全球的危机。我们认为这是非常重要的一个机会，不能错失这样的机会。

在 2018 年中国国际进口博览会上，习近平主席也指出要进一步开放中国，谈到要在上海建立自贸区和相关的中心，欢迎外国机构的参与。他也说到了在一些医疗、社会服务领域，外国投资者也可以发挥很大的作用，在上海这块试验田给大家提供了机会。现在我们需要进一步去实施。

在技术领域，我们也听到了艾伦先生所说的，技术在本质上来讲应该是一个全球化的东西。当人们在批判华为的时候听起来是有些荒谬的，因为华为在美国或者在其他地方都有自己的业务和分支来发展自己的技术。现在问题在于，这种分化和分裂会带来更多的威胁，对大家来讲有很多的风险，尤其对欧洲人来说，所以我们有这方面的担心。我们也愿意看到G20峰会上有不同的解决方式。

最后，我在这里看到了这么多年轻的朋友，可能几十年之后你们还会应对这个问题，现在一个新的世界出现了。在这个世界中，竞争和合作是同时发生的。在冷战期间我们有很多的竞争，如核竞争。现在我们有机会合作，欧洲通过经济一体化形成了很好的做法和经验，我们认为我们的经验虽然不能放在全球适用，但也想跟其他人分享我们的经验，就是既有竞争又有合作。我们希望在未来的一个月会看到一些问题的解决。谢谢！

图3　达尼洛·图尔克先生作点评演讲

主持人王文：图尔克总统的评论也非常精辟，实际上，他在呼吁一种新的精神，即我们当代非常需要的多边主义精神。

刚才我们听到了美国的声音，也听了欧洲一位前政要的精彩观点，现在让我们来听一下中国顶级的金融学家、经济学家的观点。我们有请吴晓求教授。

三、吴晓求：中国40年经济发展的精髓是坚定地走市场经济道路

吴晓求：尊敬的图尔克前总统，尊敬的艾伦会长，各位来宾，非常荣幸能听到艾伦会长关于中美贸易谈判的看法。他的描述应该说是基于他的看法，是比较客观的，对中美经贸关系他有八个忧虑。概括地说，主要还是和“301”条款调查所涉及的内容有关。如知识产权保护、政府补贴、网络安全、市场准入、技术转让，还有对“中国制造2025”的担忧等。他还表示，中国的国有企业对中国经济的作用比较大，占到了40%，同时表达了对国有企业活动中某些不透明的担忧。

我作为一个中国学者，虽然对艾伦会长的某些观点不完全赞同，但我认为他的观点是明确的，态度是坦率的，出发点是善良的。我读过他的一些文章，也看过他的一些视频，我认为，艾伦先生是一位客观、理性的学者。实际上，我看如果特朗普总统旁边有几位像艾伦先生这样的专家就好了。因为他的态度是理性的，对问题的理解都是从经济的角度去思考，我没听出来他有民族主义或者民粹主义的情绪。

实际上，我非常不喜欢民粹主义。民粹主义会让一个国家关起大门、视野狭窄而偏激、什么利益都要凌驾于他国之上，这怎么得了？我来说说我的看法。

首先，中国经济通过40多年的改革开放，应该说从多方面看都得到了发展。40多年前，我们是一个贫穷落后的国家，人民连饭都吃不饱，小平同志推动了改革开放，打开了国门，使中国走上了市场经济的道路，所以才让中国人开始走向小康。我们说，到2020年中国要实现全面小康，我个人认为实现这个目标没有问题。因为2018年中国人均GDP已经接近1万美元，到2020年，人均GDP达到1.1万美元是能达到的。当然，这还不是富裕发达的国家，应该说是一个“小康国家”。

过去相当长一段时期我们都在学习美国和欧洲国家的一些先进经验。应该说，市场经济的理论体系在美国是非常成熟的，我们这一代人对这套市场经济理论是如饥似渴地学习，并把它运用到中国的实际中来。1949—1978年，我们一直实行的是计划经济制度，计划经济的理论政策和方法解决不了中国的问题。所以，中国共产党第十一届三中全会决定改革计划经济体制，坚持解放思想、实事求是，以经济建设为中心的正确的思想路线，走社会主义市场经济道路，这其中，很多是学习发达国家市场经济的理论方法、政策。但是，中国人有一个特点，就是不照搬，因为中国社会非常复杂、层次多样、地域辽阔、人口众多，计划经济、封建主义的色彩非常浓厚，如果我们直接将市场经济拿进来是挺难的，所以我们要改造它并适应中国的国情。我们走不了美国的道路，我们还是要与中国的实际相结合。

我这段话是什么意思呢？是想告诉各位，我们要看中国40年来发展道路的精髓就是走市场经济道路，提倡竞争。我们提倡竞争，倡导按市场规律办事，坚持所有经济主体平等竞争，包括价格由市场决定、政府不能控制价格和资源，资源都交给市场去配置，这些都是我们所确认的改革的基本原则。而这些原则正好是市场经济的精髓。

当然，中国还有自己的国情。1978年前中国没有民营经济，都是国有经济，国有经济占到了经济总量的99%。这样的经济结构解决不了中国的问题，所以改革开放以后，我们大力发展民营经济、私有经济，同时欢迎外国资本、外国企业到中国来投资。如果全都是国有经济，中国就没有活力、没有效率。40年来，民营经济的比重在不断提升，外资的作用也在不断提升。当然，如果从GDP的总量上看，今天的国有经济仍然占40%左右，从业人数可能只有不到30%，民营经济在60%~70%这样一个比例，和美国、欧洲相比，是高的。最近我们强调竞争中性，什么意思呢？无论是国有企业、外资企业还是民营企业，它们在平等的环境下展开公平竞争，国家不能给国有企业特殊的优惠政策。实际上，我们现在开始确立了这样一个“竞争中性”的基本政策。中国的国有企业占比相对较高，是有历史原因的。比如说高铁，让任何一家民营企业去做都会破产，中国高铁的投资规模是巨大的，它是一个接近于公益性的基础设施，如果让民营企业去搞高铁建设，我认为不现实，也不可能。还有一些重要的基础设施，包括港口、码头、航空和能源的基础管道等，在中国都不太可能由民营资本投资。中国的能源对外依存度很高，让民营企业投资中国的能源管道是有巨大风险的。在中国，国有企业从事基础设施的投资是有必要的。

关于知识产权保护。在 2001 年加入 WTO 之前，中国人没有什么知识产权概念，那个时候假冒光碟满大街都是。加入 WTO 之后的这 18 年里，中国政府以及中国人的知识产权观念得到了极大提升，为此，中国政府作了艰苦的努力。现在大学里当教授，如果抄袭、剽窃，一定是死路一条。你即使写了 100 篇论文，其中有 1 篇论文被查到是抄袭的，其余的 99 篇都是白写的，教授肯定是当不成了。这从一个侧面说明，中国对知识产权的保护是严肃的，有了巨大的进步。

当然，我们也有一些企业有一些违背知识产权的做法，甚至这些企业偷窃技术的行为可能是存在的，但从社会的主流意识来看，从中国政府的主流意识来看，绝不会容忍，更不会助长和纵容，发现后一定会进行打击的。

今天我看到美国参议院有一个参议员，据说正在提出法案，试图通过美国的《国防授权法》废除掉华为在美国的 3600 多个专利技术知识产权和诉讼权，如果是这样，艾伦先生你一定要跟这位参议员先生讲，这可是赤裸裸的流氓行为。凭什么？一方面要我们尊重知识产权；另一方面又用本国的法律公然地禁止华为为保护自身知识产权而具有的正当的诉讼权。

说实话，今天一早看到特朗普总统和我们习近平主席通话的消息我很高兴，因为我特别希望这两个国家友好，中美关系是世界上最重要的双边关系，两国友好造福于两国人民，造福于世界。至于买卖多挣一点或少挣一点，完全可以谈判。

中国的改革开放是不可能停止的，它一定会往前走。当然，在这个过程中可能会有一些曲折，但是，改革开放这个大势不可逆，小平同志所确立的基本国策不会变，只会更加开放。国际社会一定要相信这一点。为什么？中国这 40 多年取得这样的成就，就是改革开放带来的，不是闭关锁国得来的。按照美国或者欧盟的标准，我们的市场经济可能在它们看来有一点不规范，但是我们要相信未来会越来越规范。中美两国的谈判千万不要涉及作为主权国家的根本利益，这是底线。任何国家都不可以凌驾在中国之上，国与国之间是平等的，把握住了这一点，所有的谈判都能成功。

我非常感谢艾伦先生带来了一场非常精彩的演讲，非常感谢图尔克前总统作为欧洲著名的政治家对中美关系和中欧关系以及全球经济关系所作的精彩的分析。谢谢大家！

图 4　吴晓求教授作点评演讲

四、嘉宾研讨：为何全球各国之间会出现民粹主义之争？

主持人王文：三位嘉宾分别为美国、欧洲和中国的精英、政要、顶级学者，但他们之间有很多相似的观点，如他们都主张多边主义，都承认私有经济的重要性，都反对民粹主义，主张中美之间需要稳定，都认为知识产权保护非常重要，也都认为要相互尊重。刚才艾伦会长讲到了马克思主义，我是一个有着20年党龄的党员，马克思曾经在《共产党宣言》中讲过，全世界无产者要团结起来，可是100多年后的今天，三位作为三个国家，三个大区域、大国的精英，你们是团结起来了，无产者没有团结起来，各个国家出现了民粹主义，各国之间存在民粹主义之争。美国的很多劳工是支持特朗普的，他们认为中国夺走了他们的就业，美国的无产者没有跟中国的无产者团结起来，这是为什么呢？三位怎样看待21世纪的并没有被预料到的现象呢？

克雷格·艾伦：这是一个非常有意思的问题，我来说几点：首先，我并没有深入地学习过马克思主义思想，我非常尊敬马克思在经济学领域的建树，但我并不认为他回答了世界上所有的问题。我们现在看到有这种“去全球化”的思潮，全球化给我们带来了很多的好处，但并不是特别公平的。在全球化中，有赢家，也有很多的输家，如今技术发展非常快，可是总会有人追不上技术发展的速度，技术发展得越快就会有越多的人落在后面。在欧洲、美国，可能在巴西也是如此。我们也看到了大家对全球化的一些抵触的情绪，我们称之为民粹主义。反对精英、反对外国、反对企业、反对全球化，我觉得他们有很强的身份认同的情绪。

这种身份认同的政治，会让我们面临很多问题。我们应该更加有效地进行合作，并且应该有更加公平的财富分配。中国和美国都存在非常严重的财富不平等的问题，美国是全球最不公平的国家，中国收入不平衡的问题也是非常严重的。在我看来，正如图尔克前总统所言，我们需要一些更强大的组织机构能够推动多边主义发展，我们需要多边主义，需要国家能更好地控制国家主义或者民粹主义的情绪，这也是我们现在所面临的很大挑战。

达尼洛·图尔克：我并没有意识到你会提这么一个哲学性的问题，马克思以前也说过，要努力去改变这个世界。如今的世界瞬息万变，我们必须更好地了解这个世界、适应变化的世界，这样我们才能更好地采取相关应对的措施。比如气候变化，它像一个警钟让我们知道资源不是取之不尽、用之不竭的，我们需要找到一些合理的方式共同合作，保护现有的资源。马克思对世界有着深刻的认识，这些哲学家们也都很好地了解了这个世界，只有这样才能创造初步统一。

欧洲的哲学家黑格尔说过，创造的本性是超越与限制的辩证统一。我们需要应对这个时代的很难解决的问题，我们需要一起努力把想法转化成具体的政策。关于全世界无产阶级团结的问题，我不太同意全球化的输家和赢家的观点，我认为有些人可能是走在了前面，有些人是稍微落后一点，很多人被落下了，他们没有享受到全球化带来的红利，所以他们会有不满和抱怨，美国有这样的情况，欧洲也有人有这样的情绪，现在欧洲也要应对一个困难的问题就是民粹主义的情绪，他们觉得别的国家、别的人享受到了好处，可是他们没有，这会带来一些政治上的危机。

刚才吴晓求教授提到了国有企业和民营企业之间的发展的区别，我来谈一下未来的挑战之如何能有更好的办法来发展民营企业。这是一个非常大的关于国家政策的问题，不是我们今天在这里就能给出一个结论的。我觉得马克思谈的是另一个问题，并没有提出建议，他写的所有的想法并没有一个定义，包括一个国家的组织机构。他没有这样去做，这不是他的想法，他只是作分析，他只是给大家这样一个发展的方向感。

我认为在目前我们讨论的阶段，我们应该意识到这些问题，非常严肃地对待和理解这些问题，我们需要了解相关的政策挑战，还有不同国家面对的问题，有哪些是可以延续的，我认为这才是我们往前发展的方向。如果我们取得的进步，哪怕只是进步一点点，可能都会鼓励朋友们，鼓励各国人民，而不只是从政治的角度。

吴晓求：我想，能洞察未来的毕竟是少数，而且是少数中的少数，他们应该写大量的论文、书和文章来告诉社会，未来的趋势是什么，这非常重要。这也是属于社会各界精英的责任。美国有特朗普总统坚定的支持者，很难动摇，应该说特朗普总统出于自身利益的考虑，我们给他贴上了民粹主义的标签，但或许他是为了生存，或许他是为了工作。我经常说，应该把爱国主义和民粹主义分开，我不希望将两者混淆起来，爱国主义是一个公民基本的权利和义务，但民粹主义不是，民粹主义最重要的特征就是个人利益至上，所有人、所有国家的利益都要服从于我的利益，所以民粹主义为什么是霸权主义的逻辑起点呢？民粹主义上升到政治就是霸权主义，上升到国与国之间的关系就是单边主义，单边主义、民粹主义、霸权主义是一脉相承的，但爱国主义不是。任正非先生是一个爱国主义者，但他绝对不是一个民粹主义者，他是有世界眼光的中国企业家的代表，他说喜欢苹果手机就买，这和爱国不爱国没有关系。我特别欣赏任正非先生最近一段时期在各个不同场合的访谈和对话所表达的观点，他认为技术创新是国与国之间的合作。我认为这和我们国家的主流的政策、主流的观点是一致的。

一直以来，中国主张三个很重要的观点：第一是多边主义，我们要谈判，不要一个人说了算。有时候我也很诧异，美国号称是世界上最民主的国家、最大的民主国家，但它在处理国际关系的时候是最不民主的国家，至少在特朗普执政时期就不是民主的，你的利益至上，别的国家的利益就不重要了？在中国，流行一句话：“做生意我们一起好商量，从来不会说你必须听我的，否则这个生意是没法做的。”

第二，中国是倡导经济全球化的国家，在改革开放之前，特别是中国加入 WTO 之前，我记得美国的朋友、欧盟的朋友、欧洲的朋友，包括日本也说，我们要搞经济全球化，要搞改革开放，后来我们觉得经济全球化挺好的，所以中国是经济全球化的坚定支持者和倡导者。还有一个是贸易自由化，以前我们也很小心地做贸易，怕别人压制了中国的民族工业，要好好地保护，突然发现经济全球化有利于中国经济的发展，一个国家的工业、农业的发展不是在保护中发展的，而一定是在竞争中发展起来的。所以我们提倡贸易自由化，我们互通有无，好的东西你给我，我把好的也给你，我们进行交换，这也符合我们的自然分工原则。

第三，我们非常坚定地支持投资便利化，现在投资便利化也受到了阻止。中国在相当长的一段时期内，投资是很便利的，对于外商直接投资，地方政府是会给予奖励的。我仍然认为这个政策不会变，投资的便利化很重要。可美国老是觉得中国威胁了它们的国家安全，美国那么强大，你们怎么总琢磨国家安全呢？美国怕什么？世界上头号的、唯一的超级大国，投那么点资还怕不安全？从来没有一个世界第一的国家会畏惧经济全球化，相对落后的国家对经济全球化是有担忧的，如斯里兰卡这样的农业国家有点担忧经济全球化，而美国怎么会担忧呢？如果我能见到特朗普总统，我就会告诉他，美国是世界上最强大的国家，你什么都不用怕，放开来吧！

克雷格·艾伦：欢迎你到美国来。

主持人王文：的确，吴老师的精彩演讲让我想起了过去半个世纪的变化，习近平主席曾说过，当前处在从未有之大变局。半个世纪之前，中国反对分裂，美国在主导自由贸易，欧洲在骂美苏大国沙文主义；半个世纪以后的今天，中国在自由贸易，欧洲在反对分裂，美国在骂中国大国沙文主义，这个世界的确在变化，确实很难预测到未来会怎么发展，感谢三位嘉宾给了我们非常好的视野。我原来还有一个问题，可是我发现时间差不多了，只剩下10多分钟的时间，我把提问题的机会让给大家。

观众一：我有一个关于信任的问题。硅谷有一些企业十分信任来自欧洲和国外的一些实体的投资，但是对于中国内地、中国香港的一些实体投资，他们有些担心。这是为什么？

观众二：中美之间的贸易谈判是否在用“政府之手”干预各自经济市场中个体的自由发展？特朗普总统用行政命令禁止美国企业向华为供应零部件是否符合市场经济和自由贸易的原则？

观众三：美国有两位参议员提出要限制特朗普总统使用加征关税的手段，不知道对此美国国内是怎么看的？

克雷格·艾伦：我尝试先回答第一位先生的问题。美国的金融行业的一些法规其实是比较保守的，他们对自己不甚了解的外来热钱是非常谨慎的，所以美国有一些非常严格的标准。它们为什么这么严格呢？它们的目的是希望能够停止一些不合法的投资、融资行为。当它们不清楚这些热钱为什么会进入这个国家的时候就会变得非常紧张。的确，有一些美国银行会拒绝外来客户的投资，因为它们会紧张，尽管有时候是一些好的企业。但它们必须要清楚这些钱是从哪里来的、这个钱的来源是否合法。如果是不合法的，例如在美国，如果企业在海外有一个账户，它们必须要切断这个账户来确保没有逃税。这个情况非常复杂，也可能是因为美国的银行比较保守，不希望惹麻烦，不希望大家对它们有误解。

关于华为，我还想再说几点，华为这个事件非常复杂，有几个原因：

第一，美国法律和中国法律是不一样的，所以它有可能违反了美国的法律而没有违反中国的法律，这当然是有可能的。我们希望有一个公平的、透明的、可以预测的法律应用，因此，我们认为如果它们违反了法律，应该受到惩罚，如果没有违反法律，那就不应该去惩罚华为。所以，我认为应该由法庭来作出恰当的裁决。如果政府将贸易、法律、国家安全这些事情搅和在一起，结果肯定会非常糟糕，我们需要小心应对这样的问题，从而去保护法律的程序。

吴教授刚才也说到华为和关税，我完全同意他的观点，如果通过知识产权去否认一家公司的收入，这么做是不合理、不恰当的。我不是特别了解具体一些细节，但美国政府官员这么说是不应该的。我们应该保护华为的合法权益，就像保护任何一家公司一样，我们应该平等对待所有的公司，不能对谁好一点、对谁差一点。

图5　克雷格·艾伦会长讲座现场

达尼洛·图尔克：我不是金融领域的专家，但我听到了艾伦的观点，也受到了启发。其他国家的人怎么看待华为的事件？我认为有几个问题需要说明：技术的发展应该是无国界的，不应该分裂化；我们需要一起合作，促进技术的发展，其实华为就是一个很好的例子。在法律方面，我们也要去分析和讨论相关的问题——美国法律的外延性。美国法律在美国适用完全没有问题，但是在多大程度上美国的法律还要在第三个国家适用？比如在伊朗、中国、欧洲，或者是其他的国家和地区。所以，到底在其他的国家在多大的程度上要适用美国的法律？我认为现在美国法律的外延性应该有所限制，对律师来讲，他们应该在这个领域作更多的讨论和探索。

最后，关于关税。我们这一代人认为，现在的关税大战不应该继续下去，应该立即停止。这个关税大战是非常糟糕的，我们应该去关注其他方面的问题，应该更好地去管理贸易方面的问题，而不是一天到晚只盯着关税。我们知道，美国人想用关税这个工具来达到一些政治目的，我们也可以理解，但我们不能陷入"关税大战"当中。我们也看到了中国有一些反制的措施，但如果我们开始陷入这个旋涡，那我们就无法中止事态的发展了。所以现在我们需要尽快停止"关税大战"，看看如何更好地管理全球贸易。我们应该更多地关注其他领域的管理，而不应该只关注关税，其他领域有更多的空间，也有更多的利益。

吴晓求：我说两个问题。第一是经济学基本原理。如果关税能使一个国家繁荣那是很好的，因为只靠政府就能做到。但是，经验告诉我们，在 1978 年改革开放之前，中国的关税是很高的，然而那时候我们并不发达，相反，1978 年改革开放之后，关税在不断地下降。试图用提高关税来让本国的经济繁荣发展起来的做法背离了经济学的基本常识。美国有世界上诺贝尔经济学奖 70% 的获得者，我觉得大家应该将这些告诉特朗普总统。如果提高关税能使美国经济繁荣，那也太简单了。有一个案例：1930 年美国出台了一个比现在税率更高的关税法，当时美国的总统是胡佛，很多人劝他不要签这个法案，结果他想了一晚上还是签了字，带来了全世界的经济萧条。这才过了 90 年，时间不长。只要认真研究美国的经济学或经济学基本常识的人，都知道高关税只会导致经济衰退和萧条，只有相对低的关税和相对低的国内税才能使经济繁荣。从这个意义上说，很少有美国的经济学家支持特朗普的经济政策，艾伦教授也是不赞成的。他们都是开明的学者。

第二是华为。特朗普总统老说华为危害或者威胁了美国的国家安全，老说华为手机会装一个特别的东西，为中国政府收集情报。我认为要拿出证据，而且华为说美国政府可以随便去验证，它的技术是没有后门的。当然，美国也可以说华为违背了美国的法律，只要是通过法庭、通过法律程序证明它违背了美国的法律，并且要告诉我们华为违背了哪些法律。如果真的是通过法律程序禁止华为，最多是华为不能进入美国市场，没有必要让英国、法国、荷兰也不用华为的技术，因为它没有违背英国、法国、荷兰的法律。我看过艾伦会长的一个视频，我觉得他讲得非常好。他说：一个人到你家门口敲门，如果你不喜欢他可以把门关起来，但是你不能因为你不喜欢他，还要说服旁边的两个人拿枪打他。

最后，我想说，现在讲道理很重要，我们把所有的东西摆在桌面上一一讲清楚，这样就明白了。我认为，讲道理是现在的一个常识。

主持人王文：感谢吴老师、图尔克前总统和艾伦会长。这三位来自美国、欧洲、中国的顶级精英，在今天晚上给我们带来了一场非常重要的精神盛宴。尽管我知道很多人还没有吃晚饭，但是我相信我们的精神盛宴足以让我们非常饱、非常享受了。

今天的会议到此结束，感谢大家！祝大家晚安！

对话嘉宾简介

主讲嘉宾

克雷格·艾伦（Craig Allen）：艾伦先生于2018年7月起正式担任美中贸易全国委员会会长。他在亚洲地区有近30年的工作经验，并于此前担任美国驻文莱达鲁萨兰国大使。艾伦先生的职业生涯自1985年起在美国商务部国际贸易管理部门开始，其间他曾担任负责中国研究的国际经济学家。1988 年，赴台北就职于“美国在台协会”，担任“美国在台贸易中心”处长。直至 1992 年，他再次加入美国商务部，赴美国驻华大使馆担任了三年商务官员，负责化工、消费品和医疗设备领域。之后，他接受美国政府调任，依次赴东京、西雅图、北京、约翰内斯堡和华盛顿工作。2002—2006 年，担任美国驻华使团高级商务官，其间晋升至美国高级外交人员的公使衔参赞级别。2010 年担任美国商务部国际贸易管理局负责亚洲事务的助理副局长，并在后来晋升至商务部负责中国事务的助理副部长。

研讨嘉宾

达尼洛·图尔克：斯洛文尼亚前总统、中国人民大学重阳金融研究院外籍高级研究员

张燕玲：中国银行前副行长，中国人民大学重阳金融研究院高级研究员

贾晋京：中国人民大学重阳金融研究院院长助理兼宏观研究部主任

迈克尔·麦克福尔对话吴晓求：

中美关系的现状与未来

2019 年 6 月 29 日，G20 大阪峰会的第二天，中国人民大学重阳金融研究院邀请美国驻俄罗斯前大使、斯坦福大学弗里曼—斯波格里国际研究所所长迈克尔·麦克福尔与中国人民大学副校长吴晓求教授进行对话，就中美关系的现状与未来展开深入讨论。研讨会由人大重阳执行院长、中美人文交流研究执行中心主任王文主持。

主持人王文：女士们、先生们，大家晚上好！有一个好消息，在本次对话结束以后，吴晓求教授会就过去几期对话内容出版一本书。正如大家所知，吴老师不仅是金融学家，还是享誉国内外的思想家。过去举办的六场“对话吴晓求教授”活动都凝聚了其思想精华，今天这场对话同样非常重要。

非常荣幸邀请到美国驻俄罗斯前大使，但我更愿意将他称为美国著名学者、思想家——迈克尔·麦克福尔教授。他在斯坦福大学担任教授多年，我也曾经拜读过他所写的一本关于中国、俄罗斯、美国三国关系的作品。2012 年奥巴马担任总统时期，他成为第一位美国参议院全票通过的非职业外交官驻俄罗斯大使。今天，迈克尔·麦克福尔教授来到中国人民大学与吴晓求教授展开对话。他们将以“中美关系的现状与未来”为主题进行探讨和交流。

今天到场的嘉宾有多位著名学者，其中包括：中国人民大学重阳金融研究院高级研究员周戎教授，中国人民大学国际关系学院教授、著名学者、“一带一路”专家王义桅教授，中国人民大学新闻传播学院贾文山教授，中国人民大学生态研究院的著名专家、重阳金融研究院客座研究员文佳筠教授，以及来自哈佛大学的访问学者葛琳娜博士。

图 1　迈克尔·麦克福尔教授讲座现场

一、主旨演讲

迈克尔·麦克福尔：感谢吴晓求教授、王文院长的邀请。今天我想讨论的问题是，美国现在是否在和中国打一场新型冷战？这一讨论在美国非常热门，有很多人都认为美国可能会和中国打一场新型冷战，许多媒体都对此进行了相关报道，英国《经济学家》杂志一个月前的期刊封面文章就是美国和中国之间的新型冷战。他们使用了一个陈述句，但我今天要讨论的话题，需要在这一主题后面再加个问号。

特朗普团队的国家安全战略可能和白宫国家安全理事会的方案不太一样。特朗普团队认为中国像俄罗斯一样，是一个修正主义大国。我认为这是错的，把中美关系等同于50至60年前美国和苏联之间的关系是一种扭曲的分析。今天我会谈到这两段关系之间的相似之处，但当今中美关系和当年美苏冷战相比，实则存在更多的不同。

图2　迈克尔·麦克福尔教授在重阳论坛作主旨演讲

我认为，20到30年之后，在国际体系上会有两个大国——中国和美国。

第一，如果说我们处在一个单极世界，美国仍旧居于霸主地位，这种说法是不对的。但如果说我们处于一个多极化世界，也是不对的。

第二，中美之间确实存在一些意识形态方面的竞争。它们之中一个是民主的，另一个则没有那么民主。换句话说，中国的政府参与度很高，而美国的政府参与度低一些，也体现了两国体制中的差异。

第三，在经济体制方面的全球竞争。中国有“一带一路”倡议，美国有 USTR 贸易协定。两国的经济体制有时会有重合点，但有时也会产生竞争。

第四，20 到 30 年之后，中美可能会面临产生军事冲突的风险。

从某些角度来看，中美关系和当年的冷战有相似之处。但是更多的可能还是区别之处。

第一，我不担心中国崛起。我们认为中国没有意愿去统领整个世界，这一点和冷战并不一样。

第二，在军事方面，冷战时期美苏的军事力量是均等的，然而今天在中美之间，情况并非如此。

第三，意识形态方面有所不同。当年苏联在冷战期间所输出的意识形态体现出苏联领导人认为他们的体系是至高无上的，比资本主义好，比民主更好，因此苏联想输出自己共产主义的意识形态。我不认为现在的中国共产党、中国政府也想效仿苏联的做法。因此，当年美苏之间的竞争和今天中美之间的竞争是不一样的。

第四，今天中国和美国的经济是高度联系在一起的，投资、技术、贸易都互相依赖。在我看来，这种联系性能够让中国变得更好，也能让美国变得更好，这是相辅相成的，是双赢。有些事情我们确实需要去调整、解决，如知识产权保护问题需要得到更多的关注。我们也要密切关注市场准入。在过去几十年里，中美两国始终互相依赖。但在冷战时期，美国和苏联几乎没有贸易投资往来。

第五，中国的经济发展速度非常快，过去 40 年发展取得了很大的成就，在全球来讲都是巨大的成功，这是事实。而在冷战期间，苏联的经济发展落后于美国很多，并且差距非常大。

第六，当年的冷战并不“冷”，其间发生了多场代理人战争。在朝鲜、越南、阿富汗、安哥拉、斯洛文尼亚、匈牙利等多个国家都出现了冲突和死伤的情况，很多美国人也在冷战期间伤亡。而中国和美国在全球其他国家并没有发动过代理人战争，这一点与冷战时期相比有很大的不同。

第七，冷战时期，美国的科学技术领先于苏联，这也是美国最终赢得冷战胜利的原因。如今在技术方面，美国和中国的差距并不是非常大，而且在未来 20 到 30 年里，这个差距会逐渐缩小。但是，技术的发展会破坏还是巩固两个国家的稳定？这是一个值得思考的问题。

接下来再说一些数据。

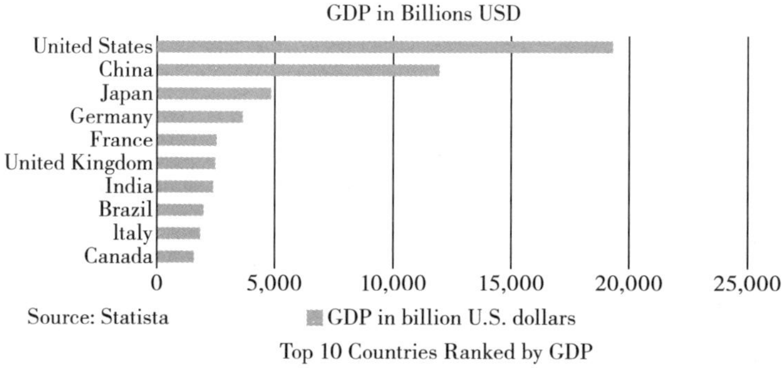

图 3　GDP 排名前 10 位的国家

第一，GDP。虽然中国和美国之间的 GDP 差距越来越小，但美国的 GDP 依然遥遥领先，这和冷战时期的情况不同。

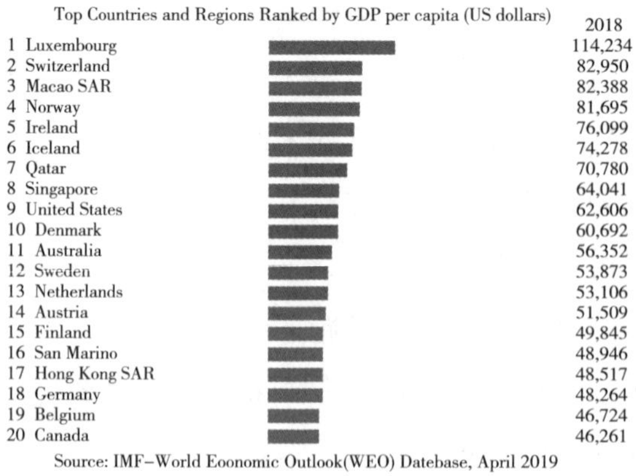

图 4　人均 GDP 排名前 20 位的国家和地区

第二，人均 GDP。在人均 GDP 上美国仍然遥遥领先，中国的人均 GDP 排在第 71 位，中国距离追上美国还有一段非常遥远的距离。

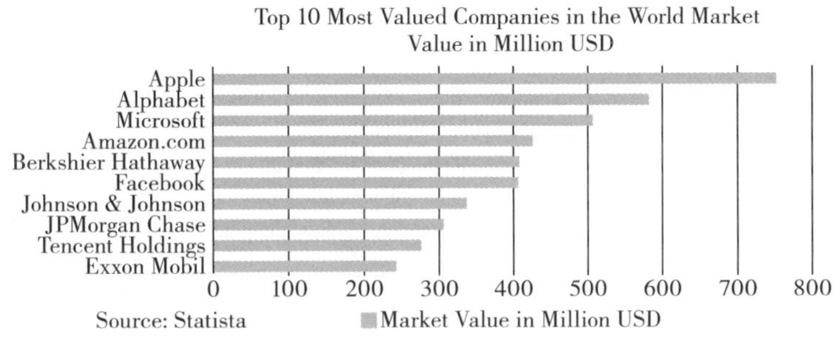

图 5　世界市场排名前 10 位的最有价值的公司

第三，全球前十最具价值公司中，大部分都是美国公司。中国公司腾讯也榜上有名。而冷战时期，苏联的公司则不在榜上。中国公司在技术上追赶美国的速度很快，中国的优势相比当时的苏联更加明显。另外，中国智能制造、机器人的兴起，与美苏冷战时的情况也不一样。

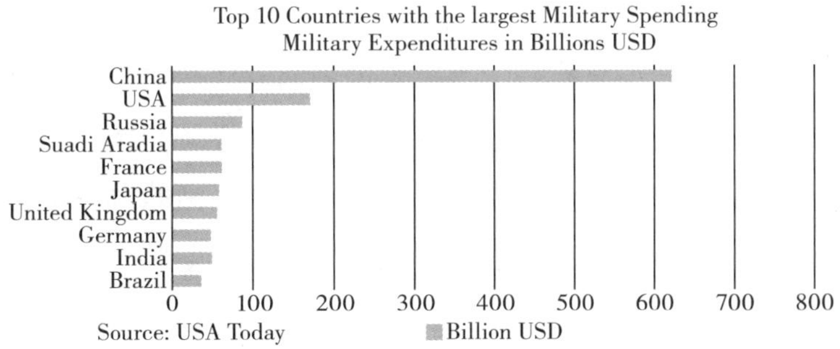

图 6　军费开支最大的排名前 10 位的国家

第四，在军费开支上美国还是遥遥领先，我希望中国不要把精力浪费在军费上。以前，美国和苏联在冷战的军费上花了同样多的钱，但中国不会这么不理智。美国和中国的核武器情况不一样，美国和俄罗斯仍然是世界上最主要的核弹拥有国。

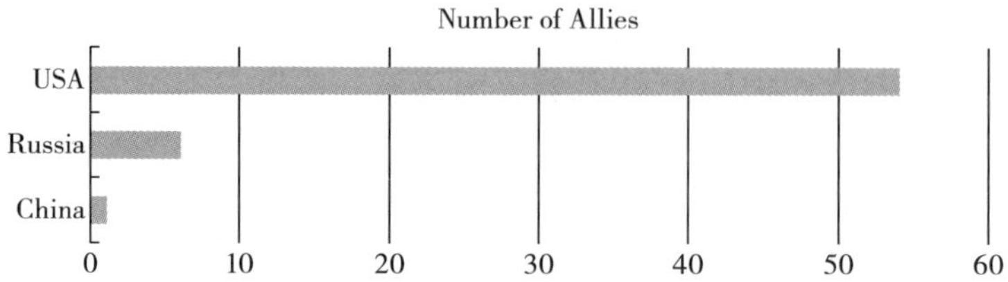

图 7　美国、俄罗斯、中国的盟友数

第五，盟友数，美国把其他国家的盟友数都甩在后面了。很多人觉得中国没有所谓的盟友。

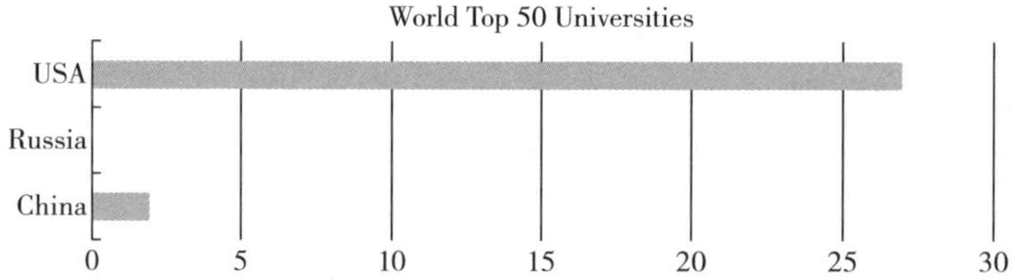

图 8　美国、俄罗斯、中国拥有的全球排名前 50 位的大学数量

第六，全球领先的大学排名中，中国的进步非常明显，但要想全面赶上美国，确实还有漫漫长路要走。

总体来说，我并没有看到中国统领世界或者代替美国的趋势，虽然中国大有潜力，但综合来看仍有一定的距离。在经济和技术上，美国的孤立主义正在上升。有人说，在过去一个月中，美国的想法是要持续在全球实行霸权主义。现在，美国国内正在就此话题进行非常激烈的讨论——美国现在是要孤立化还是进一步实行全球主义？孤立主义之下，盟友、世界贸易组织或其他区域性贸易组织对美国都是不公平的。特朗普总统是个孤立主义者，他的政府中很少有人同意他的观点。我想让大家知道，我相信国际主义，相信联盟可以增强美国的安全，我也相信自由贸易对美国经济是有好处的，与此同时，也有利于中国经济的发展，这是双赢的。我也深信世贸组织的存在是有必要的，有的时候美国的干预有一定的作用，但要避免像以前那样过度干预。另外，一些国际机构能够增强美国的力量，对美国的长期发展是有好处的。

与此同时，这也是一场在民主党和共和党之间的辩论。这是一场从2009年就开始的经济政策辩论，现在愈演愈烈。上次大选期间，18个总统候选人中有17个都是国际主义的秉持者，其中只有一个是孤立主义者，这唯一的孤立主义者就是特朗普。我不太担心中美两个大国之间的战争，我认为现在全球处于无政府状态或无领导状态。有些美国人会说，如果美国人不再作国际警察了，也不管世贸组织了，也不想再作所谓政策的制定者了，整个世界就没有领导了，这会让整个世界陷入困境和困难当中。而我认为，美国的领导和中国的领导不应再回到丛林法则当中，也不应再回到混乱的状态。我们可以通过合作，维护国际秩序。

二、点评演讲

主持人王文：感谢迈克尔·麦克福尔教授的发言。中国在某些领域可能比美国强，但绝大多数领域美国还是比中国强很多。我虽然赞同他的大多数观点，但有一点我还是保持自己的看法，他刚才说中国没什么盟友，美国有很多盟友。我认为中国的盟友虽然没有美国多，但中国的敌人好像也没有美国多，所以还是中国更安全一点，美国反而到处树敌，我们不应该以盟友比较强弱。

吴晓求：我非常赞赏迈克尔·麦克福尔教授关于美苏关系和中美关系的差异所作的判断，以及他关于多边主义的价值观体系，提倡合作、提倡全球化这一点和我本人的观点完全一致。因为中国40年改革开放所得出的经验告诉我们，走单边主义、孤立主义以及霸权主义道路的国家不会有朋友，这个国家也不会得到很好的发展。

40年前，中国开启了伟大的改革开放的道路。40年来，中国切实地感受到了竞争和合作、多边主义和经济全球化带来的好处。从国家领导人习近平主席到普通的学者、企业家，都赞成经济全球化、贸易自由化以及投资便利化。在我的印象中，10到20年前，美国政府、企业家、经济学家都反复强调希望中国开放，希望中国加入经济全球化进程，参与全球资源优化和分工。

2001年中国加入WTO，当时虽然已经进行了20多年的改革开放，但从当时的经济实力、现代工业竞争力来看，中国还是非常弱的，当时中国听取了美国一些有识之士的建议，努力开放中国的市场。加入WTO的时候我们的忧虑甚至多过希望，因为从此中国经济要全面融入国际经济体系，民族工业会受到极大的打击，中国的制造业水平是很低的，我们的家用电器、新材料、新能源行业在当时都是非常落后的。

18年过去了，实践告诉我们，只有开放才可以发展中国。我们要走多边主义，而且是经济全球化的、开放的、互利共赢的模式。

民粹主义在今天的世界还是很盛行的，从学者角度来说，我个人认为特朗普的确有一点民粹主义的想法，而民粹主义会使一个国家走上民族主义和霸权主义的道路，霸权主义的特征就是不顾他人的感受、本国的利益高于其他所有国家的利益。我们已经进入21世纪了，无论一个国家是富有还是贫弱，国与国之间从主权意义上来说都是平等的。平民老百姓和亿万富翁，从人格和人权上来说他们也是完全平等的。没有这个基本的价值观，则意味着价值体系在倒退。没有任何一个国家能接受其他国家凌驾于他国之上的全球治理理念得以盛行。所以我高度赞同迈克尔·麦克福尔教授在国与国关系中的价值观念。

我们今天的对话是非常开放的，现场来了年轻人。为什么中国是一个有希望的国家？因为越来越多的年轻人开始关心中美关系的健康发展，关心中美的未来，关心世界未来的走势，在这里，任何人都不希望世界进入一种高度不确定的状态。自从习近平主席和特朗普总统在大阪会晤之后，两国关系又出现了新的转机。我还是相信两国的政治领袖以及谈判精英团队可以找到符合两国利益的方案，因为两国经贸关系如此紧密，对全球的稳定又如此重要。所以，我们要对中美关系保持乐观的态度。

昨天特朗普总统又发了 Twitter，说南边的墨西哥解决非法移民已经初见成效，但没有看到中国在买美国农产品方面有什么大的动作。实际上我们需要美国的农产品，但我们也需要磋商。现在的问题是必须解决 WTO 规则的问题。在变革时期中美经贸关系基本架构对未来具有重要的指引作用，也会给未来 WTO 规则改革带来基础的内容。中美不是简单的买卖关系，双方实际上是通过两国的经贸关系、谈判来构造一个新时期的全球经济规则体系，要改革以及完善二战以后由美国所主导的全球贸易、经济和金融规则。1944 年确立了布雷顿森林体系，以美国为主导所确立的全球贸易、经济和金融规则对战后全球经济的稳定发展起了特别重要的作用，美国对二战以后世界的繁荣和发展起到了特别重要的作用。而且，对于中国的改革开放，包括知识产权概念的学习，以及对中国人才的培养，美国的作用都是巨大的。

我从一个中国人的角度来看，无论是哪一代的中国人，对美国都没有敌意，非常友善。两个国家绝不能进入美苏时期的对抗。美苏之间没有任何互信，也没有任何利益交割，它们是两种不同的体制；一个是计划经济、中央集权的体制；另一个是高度市场化、民主的体制。华沙和北约集团没有相交，只有对抗，所以才会有冷战。

中美两国不会出现像美苏那样的对抗，中国没有冷战的基础，中国贫困的时间太长了，所有中国人都希望过上稳定、幸福的生活。虽然中美政治体制完全不同，但我们必须相互尊重。事实上，中国的市场经济和美国的市场经济是重叠的，中国是个开放的国家，美国人到中国投资，中国人是打开大门欢迎的。有时候我在思考，为什么中国的企业到美国投资需要严格的安全审查，实际上中国人没那么厉害，中国的企业也没那么厉害。只要放弃冷战思维，将中国看作合作伙伴，一切问题都能得到解决。

当然，中国有自己的问题，这样一个经历几千年封建体制、几十年计划经济的国家，在走向现代化过程中，观念需要慢慢改革。但是要相信，随着一代代年轻人的成长，现代化的意识和法制的理念都会深入人心。两个国家相互尊重、彼此照顾底线利益是很重要的。中国是一个大国，如果别国触犯我们的国家主权、国人的尊严，我们是绝不会答应的。作为一个独立国家，任何影响中国尊严的要价都是不可能的，一定要理解中国在这方面的决心，在此基础上可以谈判。

总之，我还是希望中美两国携起手来寻找跨越修昔底德陷阱的路径，战争解决不了任何问题，应通过谈判去创造两个大国相互合作的模式。美国在相当长的时间里还要在全球治理结构中发挥极其重要的主导作用，中国也慢慢开始有义务维护全球秩序，贡献中国人的智慧。中国人没有独占世界的想法，我们还要解决中国 14 亿人的教育、医疗、住房问题，中国想要发展起来，没有几代人的时间根本不可能。这是非常重要的。

图 9　吴晓求教授作点评演讲

三、嘉宾研讨

主持人王文：比较来说，美国比中国总体上强很多，但我不太赞同的是美国比中国强的是核武器、盟友的观点。核武器你也用不了，敌人那么多也没有用。最重要的是过去中国人对美国的价值观、民族体系、民主机制的崇尚。但是，特朗普总统好像改变了我们对美国的看法，例如，特朗普总统想退出联合国教科文组织，发个 Twitter 就退出了，而中国要想退出国际组织，程序还挺复杂的。美国民主是不是还存在？是否特朗普想做什么就做什么？比如美国市场经济本该由企业自己决定，但特朗普发个 Twitter 就能让所有企业不能卖给华为东西，大家都照办执行。但中国不是，谈判谈成后美国要中国多买一些农产品，政府答应了，国企也不一定答应，国企还要考虑是否真的需要美国的大豆，中国还得考虑市场需求。在某种程度上，相比特朗普总统，中国更像市场经济。请问过去两年，我们对相互体制的认知是否发生了巨大的变化？

迈克尔·麦克福尔：在美国的宪法中，民主体系与国际的贸易体系是矛盾的。比如政府部门，如果参议院不同意就要重新写一部宪法让它变得更加民主，这是美国的程序。但从特朗普总统退出 TPP 和核协议这两点来看，作为美国人，我认为这非常不符合美国的利益，所以我不赞同特朗普总统在这方面作出的决定。马上就要大选了，如果拜登副总统获胜，这些情况和政策就可以反转。所以，美国人有能力在参加总统大选辩论中发挥作用并对民众产生影响。但在这一方面，中国人不能直接影响民众，这是中美两国的差别。

我非常同意刚才您对特朗普总统和他代表国家意志在市场当中行为的评价。任何美国总统想要去独裁和他国的交易都是完全违背市场经济原则的。我希望特朗普总统能够展示出一些数据，华为是如何威胁美国国家安全的。

另外，其实中国在市场原则中也有所干涉，中国有“国有企业”，美国没有。中国也一样，有国家的意志体系在里面。在我看来，这是两种意志体系的差别。

至于华为，为什么不上市、不 IPO 呢？在全球有很多类似于华为这样的公司都是开放的公司。华为有点神秘，几千亿美元（市值）却是全球员工控股，华为的商业驱动力是什么？

30 年前，中国学习美国公司的做法是在美国银行和中国银行各拿一点股份，通过这样的方式进入中国市场，是当时所谓双赢的投资。合资企业也是这样一种方式，比如波音公司卖了很多飞机给中国，在中国也和中国公司有合资企业。所以如果想要减少对华为这种公司的焦虑，首先需要上市，然后提供公司具体信息，哪怕提供 1% 让大家来买，因为只要有一点点外资或有一点点开放，就代表是打开了口子。华为如果卖 10% 给 Google，不仅可以让美国更加了解华为，华为也会有个美国大盟友。更高的开放度和透明度对大家都好。

吴晓求：关于华为为什么不上市，2002 年前后我专门去过华为公司，那时的华为相对规模还较小，我当时认为这么好的高科技企业上市可以得到很好的定价，于是我就问任正非先生为什么不寻求上市？任正非先生说，股票市场投资人的欲望太大，企业要做长期发展战略会受到干扰，而且当时华为企业尚且不大，股份就已经开始高度分散化了，如果来个 10% 的大股东，会严重影响他的战略思维。任正非先生有战略思维和底线思维，会为长久目标去奋斗。而任正非先生知道迟早有一天美国政府会制裁他，所以早早作了大量的战略储备。

如今，美国通过《紧急状态法》去对付华为，如果华为是上市公司，这些战略储备的信息是要充分披露的，所以华为选择不上市。华为不是一家国有企业，是华为员工共同持有股份的非常标准的公众公司，国家没有任何的股份。华为为什么不上市？因为上市是追求金钱、追求未来把公司卖掉的高溢价。任正非先生的目标不是发财，所以他没有IPO，没有成为上市公司，这是其中之一。

其中之二，我们说中国是中国特色的社会主义市场经济，有很长的形容词，有时候是“现代市场经济体系”。和欧盟、美国相比，中国的国有企业占市场经济的比重相对较大，但也没有超过民营企业。中国在现代化建设的进程中需要大量的战略性投资，比如高铁，让任何一家民营企业投资几乎是不可能的，只有国有企业可以忍受巨大的亏损。这与中国的国情是息息相关的。

中国的能源是不能自给的，对外依存度很高，能源对中国来说是战略物资，必须通过中国国有企业投资完成多元化战略的输油管道建设，比如纳达尔港开通了，如果靠民营企业是非常吃力的。中国底子薄、人口众多，需要依靠国有企业的力量建设现代化国家所需要的基础架构。需要处理好的是，国有企业不能够具有优先的资源配置权，它和民营企业、外资企业、中外合资企业是平等的，这是我们最近采取的“竞争中性原则”，是市场经济灵活性的表现。在市场经济面前，不能因为身份的差异出现不公平。

主持人王文：刚才两位老师比较了中美体制相互之间的优劣性。中美关系进入新时代，要相互尊重，就像朋友一样，要相互发现对方的美和对方的好。新时代背景下，两位老师有没有发现其他需要我们继续向对方国家学习的地方？

迈克尔·麦克福尔：首先，美国的文化、食品方面非常糟糕，在这一方面中国绝对非常领先。其次，多元性，在国家部门和私营部门之间，不仅仅中国和美国有混合制，很多国家都是如此，且不仅仅在国家之间，同时在不同的国家发展项目当中有更多的混合合作。在如今美国如此民主的社会下，在制衡和监管的制约下，有时候我们做事还是会束手束脚。刚才你提到高铁项目的，我特别希望在洛杉矶和旧金山之间通高铁，然而就美国现在的政治体系来看是无法完成高铁项目的，总统没有这么多的权力，我们有各方面的力量制衡。这是我们的文化根基。我的同事说这是一票否决权的危机，在我们的体制中，因为存在太多的否决权，我们很难完成非常重要的工程和项目。如果能打破这一点，则可以实现更多的发展和成就，这是美国政治体系中的弱势之一。中国体制能够达到改革开放和经济大转型，在现代社会是一个巨大的奇迹。过去，中国的人均 GDP 是 38 美元，现在中国是中等收入国家，从全球来讲，北京、上海的创新力和财富能力是全球领先的。

从全球局势来看，如果中美间没有合作对美国是非常糟糕的，对中国也将是非常糟糕的。我个人认为，中美两国之间是互补的，我们应共同携手前行，而不应互相比较、恶性竞争。另外，中美作为两个在数字经济和人工智能领域方面技术领先的大国，我们所建立的 WTO 和国际贸易体制没有办法应对数字经济所带来的威胁和挑战，所以美国政府和中国政府之间的合作，不仅可以使双边贸易惠及全球，还可以补充国际贸易体制。

吴晓求：中美关系眼中的“它”，“它还是它，它又不是它，我们是我们，我们又不是我们”。它赋予了这个新的时代新的含义，在美国眼中的中国“可能是它，但也不完全是它”，因为中国发展起来了，而且发展得令人非常惊讶，“9・11”至今还不到 20 年，突然一个强大的中国出现了。当然，这还是因为我们自己的努力，因为我们执行了正确的政策。所以，中国人眼中的美国，“它还是它，它又不是它”，“它不是它”更多的是特朗普总统带来的“它不是它”。王文告诉我，美国大使馆吊销了他的十年美国签证，还被请进小黑屋里，这完全颠覆了我们对美国的看法。当知识分子、精英们觉得去美国很害怕，那就很麻烦了。过去美国为什么强大？中华优秀的年轻人都想奔向美国，寻求深造、展现自己才华的机会。然而现在，好多学科领域都对中国人关上了大门，物理不能学，核物理不能学，人工智能不能学。所以在中国人看来，美国的“它”已经不是“它”了。这的确需要反思。

实际上，美国是非常强大的，应该有这个自信。批评的声音才会使社会进步，找到美国的黑暗面，也才能找到前进的方向、改革的重点。所以，“它还是它，又不是它”。

迈克尔·麦克福尔：现在我从斯坦福教授的角度和大家分享一下。我一直相信，如果有更多的中国人可以增进对美国的了解，将是一件特别好的事情。如何让中国更加懂美国呢？请更多的教授去美国，更多的学生去美国，更多的政府官员、更多的创业者去美国，我完全不同意所谓“限制”科学交流的行为。不过，中国也拒绝了部分美国政府人员的签证。

接下来，我再切换到大使的身份。我在俄罗斯工作的时候，有时候讲到普京和奥巴马在某些事情上的压力或摩擦，比如俄罗斯入侵乌克兰。奥巴马的观点是，类似于这种对话我们要减少不同，不要过激，这也是我的观点。而普京说，这样的问题我们永远都不会达成共识。这是最糟糕的一种外交，如果两个国家有差异、有不同观点，可能是基于信息不对称或误解，该如何处理？拒绝签证、互相不理睬了？这只会加深误解、加深我们彼此的信息误差。斯坦福大学和中国人民大学必须要将这个错误信息量降到最低最少，将这种误解降到最低最少，唯一的方式就是增加我们两个大学之间的交流和互动。

四、观众提问

主持人王文：下面进入互动提问阶段。

周戎：第一，作为一个大国的领导人，不要任性妄为，要有包容和气量，如果包容不够，领导力就会下降，伟大要伟大在气量上；第二，创新在很大程度上是通过交流互相启发的。吴教授提出的观点我非常赞同，美国人应该放轻松，但美国也不应该任性反复无常，那美国如何执行让中国人放轻松的政策呢？

王义桅：大使刚才讲的我基本上表示赞同，补充一个原因，中国和苏联为什么不一样？DNA 就不一样。中国和美国算是异性相吸，美国和苏联是同性相斥，俄罗斯自称为“第三罗马”，要争道统，但中国从来没有这些。文化不一样，DNA 不一样。中国的体制也不是列宁体制。中国文化是什么？儒释道并存。佛家来自古印度，到了中国变成禅宗。马克思主义来自苏联，但在中国是中国化的，我们提出了“人类命运共同体”，不再是马克思的推翻资产阶级统治要革命，而是今天我们要和你命运与共。其实，美国最需要搞“一带一路”，因为你们的锈带地区应该铺上阳光，如果美国真正和中国合作搞“一带一路”，特朗普也就不需要煽动这 99% 的人的不满来对付那 1% 的问题。

中美之间肯定有很多竞争和矛盾，我认为最大的竞争是关于未来世界向何处去的竞争，比如打败尼康相机的不是佳能，也不是三星，而是智能手机，打败美国的不是中国，打败中国的当然也不是美国，可能是未来一种新的业态。我们要让体系更加包容，这才是我们中美之间竞争的真正核心要点。

迈克尔·麦克福尔：很好的问题。我非常同意您关于领导人应该包容的观点，应该这样去领导国家。关于“一带一路”倡议（BRI），对社会科学和政府来讲，大家肯定对“一带一路”倡议和项目有很多的误解，也有很多的困惑，中国人本身可能对“一带一路”倡议也有困惑。在我看来，中美方面应该要有 BRI 方面联合的研究，“一带一路”倡议是什么？我们作一些解释、评估项目，从科学角度联合进行研究，看看“一带一路”到底是什么，这样才能减少这种误解和误读。就亚投行（AIIB）来讲，美国也需要和国际机构进行更多的协作。另外，直接投资、市场、私营公司也应该参与进来。所以，我觉得我们可以一起联合作一些研究，看看“一带一路”倡议和亚投行（AIIB）的项目。

贾文山：以后如果拜登赢得了大选，您是不是可以考虑成为国务卿，如果您是国务卿，您会如何做，比起蓬佩奥会有什么不同的做法？

文佳筠：特朗普总统想撤出北约和巴黎的气候变化协议让全球都非常紧张，我们如何让各个国家一起合作来解决这个重要的问题？

迈克尔·麦克福尔：关于国务卿的问题，如果拜登赢了，我支持民主党，希望民主党人能够上台，在民主党中还有更多的人才。关于北约和气候变化的问题，对于民主党人来说，有了我们的参与，更多的盟国和国际体系将会变得更好。非常重要的是，习近平主席和奥巴马总统当年展示了这种领导力，他们签订了巴黎气候变化协议书。在 2009 年的哥本哈根，奥巴马和中国之间有一些冲突，但在全球重要的问题上，双方还是达成了一致意见，加入巴黎气候变化协议。但特朗普总统想从中撤出，如果特朗普总统连任，我们也希望他展示出更多的包容和强有力的领导能力去参与全球事务的解决，因为这是有关各个国家的全球问题。

吴晓求：我很好奇，如果拜登赢了，迈克尔·麦克福尔教授成为国务卿人选，您会有什么样的对华政策？如果拜登上台，之后也许会有新的变化，他可能会继承奥巴马总统那些非常具有战略思维的做法。如果您真的被提名国务卿，您对中美关系会怎么看？

迈克尔·麦克福尔：这是一个假设性问题，首先这有很多先决条件：第一，民主党上台；第二，我当国务卿的可能性也很小，因为有很多非常棒的国务卿人选。我认为如果拜登赢了，应该不会延续现在这个政府的政策，他们不会延用现在特朗普的政策，但也不会完全回到奥巴马时期的对华政策，会找到一个新的方式，去接触中国。这种接触、这种规则对大家应该是公平的，这对下一届政府是一个挑战，同时，对你们的领导人也是一个挑战。大家都需要意识到这种接触的好处、这种国际机构和体系的好处，我们应该保持冷静。如果有对抗、遏制、脱钩，将是双输的局面，任何国家都不会从中受益。如果民主党人能上台的话，我们需要一起合作。

主持人王文：下面有请观众提问。

观众一：迈克尔·麦克福尔大使您好，感谢您的精彩演讲和评论。我的第一个问题是，7 月 11 日中美重启了贸易措施，但我们知道，美国和盟友日本前后贸易战持续了 8 年，这次您认为中国和美国会很快签署协议吗？还是中间需要更长的时间？为什么？第二个问题，6 月 5 日，中俄元首决定将两国关系提升为新时代中美两国战略协作伙伴关系，中俄关系进入新时代，您曾经是驻俄大使，怎么看待中俄关系进入新时代？中俄新时代对美国会有什么影响？

观众二：迈克尔·麦克福尔大使，我的问题是，您怎么看中国和俄罗斯之间的关系？

观众三：请问迈克尔·麦克福尔教授，您说过中国不会像苏联那时候追求意识形态和美国对立以及意识形态上的领导力，就我的感觉，随着新一代中国年轻学生，或者从美国回来的中国政治学学者的崛起，越来越倾向于支持我们国家在意识形态领域和文化方面具有领导力。您怎么评价这样的趋势？

主持人王文：我不支持这个观点，这是部分人的观点。

迈克尔·麦克福尔：我无法预测会有个新的协议签署，不知道这需要花费多长时间。我希望特朗普在下次大选之后有一个新的协议，有了这个协议之后就可以向他的选民证明他的策略是有效的。但我不知道中国怎么想，这很难预测，作任何预测都是危险的。我还是说说自己的观点：在我们这方面，市场准入、知识产权都要被考虑，我并不支持提高关税作为谈判的砝码，这是我自己的观点。希望我们可以超越这样的界限，不要再回到这件事情上反复地纠结。

讲到中国和俄罗斯，中俄两国的外交关系是非常亲近的。我非常赞赏习近平主席和普京总统之间的这种关系，以及对美国关系这样的掌控。我这样认为，俄罗斯具有更强的修正主义，而不是中国，它们把乌克兰的边界也修了，也不相信国际体系，就像你们不相信一样，2016年俄罗斯大选也是受操纵的，中国不会这样做。所以，我提醒中国，和俄罗斯靠太近，有可能也在支持修正主义的政策，这既不符合中国的利益，又不符合中国的理解。

关于意识形态的问题。年轻人想要成为文化领袖？先等等吧，你的时代会来的。刚才吴教授讲到，我在中国学到的，也是习近平主席反复强调的，你们现在是在“百年未有之大变局”的时代，全球任何一个国家都没有像中国现在这样，40年的变局这样大。像我这样的老年人，对自己的理解能力要非常谦虚，未来40年我们期待有更多的一些变化，也就是说，这个责任很大。作为年轻人，你们的责任也很大，也要谦虚，就像我们这边同事所讲到的，也要了解全球，更加熟知世界上发生了什么，因为现在这种变化太快了。这种变化也是一种变机，也代表着更多的责任，要不断地学习，不断地努力，作出更多的决定。

吴晓求：我们不要急于作意识形态的传播，我倒觉得中国首先要把自己的事情做好，而且中国经济发展的模式可以介绍给一些不发达的国家，这比什么都重要。过去中国也是不发达的，中国有很多经验可以介绍给它们。这在“一带一路”倡议中非常重要，包括开发区都是我们经济中的重要经验。在现代社会的国与国的关系中，至少我个人的价值追求，用习近平主席的话说是“人类命运共同体”，就是相互发展。相互发展了才是“人类命运共同体”，连饭都吃不饱怎么能是“人类命运共同体”呢？帮助相对落后的国家发展经济，这可能是我们主要的目的，不像你想的那样。

观众四：为什么美国选择华为作为这次制裁的对象？为什么美国政

府不给中国移动在当地提供电信服务的牌照呢？

观众五：大使您好，吴老师您好，我今年要去俄罗斯读研究生，因为您曾经是驻俄大使，想请教您一个问题：站在俄罗斯或中俄、美俄角度，有什么值得研究的比较有意思的课题？

迈克尔·麦克福尔：首先，关于华为的问题，政府是这样说的，还是国家安全、华为的技术后门问题，我无法评估，我不是专家，也无法核实。但对我来讲，这是大家都认为的一个情况。我们的政府说出这些话的时候应该要更加趋向于公开，我们可以公开地讨论，所以，华为可以给出更多的信息。这是我的个人观点。但我提醒大家，有些美国公司在中国也进不了中国的市场，Google 不能用，Facebook 也打不开，Twitter 也不能用。所以，如果你说双边打开市场，那这些公司你怎么算？这些公司为什么在中国就不能用？我的观点是，我们还是要谈，所有的公司、两个市场要全部开放，而不仅仅是你这个做得不好、那个是不行的，要开放，两个都要开放。

这不是 Google 的想法，我了解 Google，我认为事实肯定比这个结论更加复杂。

主持人王文：我最后想说“三个不容易”。

第一个“不容易”，今天正逢暑假，校园里人已经很少了，今天又是周末，星期五来了那么多人。有人说，你的人生怎么样，其中一个重要的因素是星期五晚上你在做什么，我们在关心国家，在关心中美关系和世界的未来，为大家点赞。

第二个“不容易”，迈克尔·麦克福尔教授来也不容易，那么多问题迎面而来，他侃侃而谈，虽然对于很多问题，我们的观点并不完全一致，但大家都相互开放、相互沟通，我认为这样的中美之间的学者关系、社会关系和学术关系可以持续下去。

第三个“不容易”，吴老师每次参加我们的活动都非常不容易。掌声感谢一下吴老师，还要感谢迈克尔·麦克福尔大使！感谢大家都来支持“对话吴晓求教授”这个活动。

今天我们的对话就到此结束，谢谢大家！

对话嘉宾简介

主讲嘉宾

迈克尔·麦克福尔（Michael A. McFaul）：迈克尔·麦克福尔是弗里曼—斯波格里国际研究所主任、政治学教授、高级研究员。他目前还担任美国全国广播公司（NBC）的新闻分析师。主要研究领域：国际关系、俄罗斯政治、比较民主化和美国外交政策。2012—2014 年，担任美国驻俄罗斯大使。在成为大使之前，他曾在国家安全理事会担任总统特别助理和俄罗斯和欧亚事务高级主任三年。

研讨嘉宾

周戎：中国人民大学重阳金融研究院高级研究员。

王义桅：中国人民大学国际关系学院教授、重阳金融研究院高级研究员。

贾文山：中国人民大学国家发展与战略研究院研究员、新闻学院特聘教授、国家千人计划专家、国际跨文化研究院院士、查普曼大学终身教授。

文佳筠：中国人民大学重阳金融研究院客座研究员、美国 NGO 组织全球化国际论坛研究员、国际 NGO 组织第三世界网络顾问研究员、中国社会科学院环境与发展研究中心特邀研究员。

约翰·米尔斯海默对话吴晓求：

中国能和平崛起吗?

2019年10月15日，由中国人民大学重阳金融研究院（人大重阳）与中美人文交流研究中心联合主办的重阳论坛第45期在北京召开，中国人民大学副校长、著名金融学家吴晓求教授对话“进攻性现实主义”国际关系理论创立者、芝加哥大学“温得尔·哈里森杰出贡献”政治学教授约翰·米尔斯海默（John J. Mearsheimer），两位顶级国际政治学家和金融学家就“中国能和平崛起吗?”这一主题展开精彩辩论，现场座无虚席、气氛热烈。对话由人大重阳执行院长、中美人文交流研究中心执行主任王文主持。以下为论坛实录。

主持人王文：欢迎大家做客重阳论坛。今天报名的人数超过了900人，开创了重阳论坛近几年之最。米尔斯海默教授此次来华有多场公开活动，但唯独在中国人民大学这场与中国金融学家吴晓求教授的对话最为特殊，也备受关注。因为国际关系学讲求的是对权力、国家实力的配置，而金融学讲求的是对价值、资金的配置，有共性但又不同，所以非常期待两位专家今天能碰撞出精彩的思想火花。

一、主旨演讲

约翰·米尔斯海默：中国难以和平崛起。

约翰·米尔斯海默：感谢中国人民大学和重阳论坛的邀请，我今天演讲的主题是“大国政治的悲剧是否能够描述中美关系？”大国政治的悲剧是一个现实主义的、悲伤的看法，过去国际关系的演变是一个悲剧且令人沮丧的故事。我的理论对于美国该如何应对崛起的中国是十分重要的。中国经济是否会持续保持增长？中国能否和平崛起？在中国崛起的同时中美两国是会保持合作，还是中国会和充满敌意的美国进行悲剧色彩的安全竞争？我在《大国政治的悲剧》一书中提到，大国之间注定会进行激烈的竞争以谋求安全，中国和美国是无法避免大国政治的悲剧的。因此，我认为中国是难以和平崛起的！

图 1　米尔斯海默教授在重阳论坛作主旨演讲

我的大国政治的理论是基于五个最基本的假设，这五个假设融合在一起，将产生三种行为，最后是实现两个终极目标。

第一个假设，无政府状态。国际社会是无政府状态的，国家是国际政治体系中的主要参与者。联合国不能够凌驾于任何一个国家之上。

第二个假设，所有的国家都具备进攻性军事力量，尽管存在强弱之分。

第三个假设，没有一个国家可以特别清晰、明确地知道其他国家的发展目的是什么。

第四个假设，每个国家都有不同目的和目标，但首要目标肯定是生存。

第五个假设，国家都是理性参与者，有战略上的计划能够实现它们的目标。

将这五个假设放在一起之后，将产生三种类型的行为：

第一种行为，国家之间互相害怕、紧张彼此。你的邻国可能既强大又邪恶。随着中国不断崛起，其他国家就会担心害怕，因为它们也不知道中国的主要目的，担心有什么不好的意图。

第二种行为，国家必须要自己帮助自己，战胜自己。鉴于中国的历史，中国人非常明白这一点。

第三种行为，成为强大的国家，其他国家就不会欺负你、不会威胁你。没有美国人会在睡觉时担心加拿大、墨西哥会攻打美国，因为美国有强大的军事能力，这两个国家是攻击不了美国的。所以在无政府状态的国际社会当中，你不可能知道其他国家的目的。存活下来最好的方式就是要强大，最大化地占有世界权力。

最后，大国有两个最终极目标：第一个目标，成为地区霸主。就像美国主导西半球。无政府的状态之下，你无法知晓其他国家对你有什么目的，但你要确保没有其他国家去竞争主导这个地区。第二个终极目标，排除同辈竞争者。美国要去主导西半球，就要确保中国不在亚洲有主导作用。为什么美国有这么多军事力量和海外军事基地？因为美国在西半球没有军事挑战，所以就可以将手伸到亚洲。当然，美国也不希望中国能够插手西方世界。

我想说服美国的行为是基于我的理论，是与我的理论中关于大国政治的论述相一致的，想让大家信服我的理论，我会给大家描述一下美国在 1783 年之后的表现。美国从建国之初就追求成为地区霸主，那时的美国在大西洋沿岸有原属英国的 13 个殖民地，然后一路走向太平洋，屠杀和驱赶了很多印第安人，从墨西哥手中夺来的土地成为美国的西南部。1812 年美国侵略加拿大，想把加拿大也吞并为美国的一部分。还有加勒比海和古巴，美国当时也想把它们拿走，创立一个强大的美国，这是“天定论”。当时的西半球是欧洲统治美国，于是当时美国总统门罗提出了“门罗主义”。“门罗主义”和“天定论”带着美国一路扩张，成为西半球最强大的国家。

美国要提防四个竞争对手。对 20 世纪的美国来说，有四个国家对美国构成了威胁，即德意志帝国、日本帝国、纳粹德国和苏联。为遏制这四个国家的崛起，美国参加了一战，以确保同盟国能够获胜，而不是德意志帝国。二战时，美国不费吹灰之力打败了日本，美国和英国联手打败了纳粹德国，冷战时期美国遏制苏联的力量，冷战结束后苏联解体，美国成为霸主。

再看一下中国，中国不断崛起在亚洲会扮演什么样的角色？我认为中国会效仿美国。当年日本侵华，成为中国整个国家的耻辱，中国势必成为亚洲最强大的国家，这不是因为中国特别好战或有侵略性，而是因为中国在国际体系中生存的最好方式就是在地区称霸。所以中国的第一个目标应该是要比自己的邻国都强大，才能不受欺负。中国的文化是内敛的，没有扩张性的，但只要中国强大了，就一定会扩张。

中国的第二个目标，将美国赶出东亚。当中国越来越强大的时候，中国是不愿意在家门口的海岸线看到美国的军事力量存在的。所以想在一个无政府的状态下生存，一定要确保自己能够在地区称霸，且没有竞争对手。当然，中国也有可能干预西半球的政治，这是符合中国利益的，等于是东亚的“门罗主义”。

但美国又会作何反应呢？美国一定会不遗余力地去阻止中国成为统治亚洲的力量。20世纪美国已经阻止了四个国家成为地区霸主，现在美国也同样会这样对待中国，不会允许中国统治东亚、称霸亚洲。2011年，希拉里·克林顿提出“重返亚洲”就是阻止中国称霸亚洲进程的开始，特朗普入主白宫就是进程的第二步。即使特朗普在2020年大选中落选，不管谁会成为美国总统，美国依然会努力遏制中国的崛起。而中国的邻国会作出什么反应？我认为日本、韩国、菲律宾、印度、越南、新加坡等国可能会和美国结盟去对抗中国。而巴基斯坦、缅甸、柬埔寨、老挝可能会和中国结盟。那么俄罗斯该何去何从？我觉得最终俄罗斯会和美国联手来对抗中国。这些都会给亚洲带来激烈的安全竞争，在东亚甚至有爆发战争的可能。

最后，如果你想明智地分析国际关系，就要有一个理论，但没有一个理论是百分之百准确的，最好的国际关系领域的理论在75%的情况下是对的，但由于理论通常是对复杂世界的简化，因此，在25%的情况下是错的，我的理论是大国政治当中最好的理论之一，但也意味着25%的情况下它也可能是错的。

为什么会是这样呢？因为全球是非常复杂的，像我这样一个现实主义者，我也并没有特别多地关注国内的政治去制定我的现实主义理论。那么，对于国内政治这一块，我不是特别地关注，我比较关注的就是大国之间相对的权力。国内政治在我的作品当中，它们确实是被放在了不太重要的一个领域，事实上，有的时候国内政治也是非常重要的。当国内政治比较重要的时候，可能我提出的理论就不是那么准确了。所以，那就是 25% 的情况。大家要知道这一点。

主持人王文：一个理论的传播可以分为三个层面：第一个层面是“填鸭型”，只讲求知识点的强迫式的输出。第二个层面是“鼓动型”，通过情绪的调动，让听众接受他的看法。米尔斯海默教授属于第三个层面，即“宗教型”“思想改造型”，让我们大家情不自禁就陷入他的“陷阱”。虽然我专门写过文章批驳他的观点，但我对他仍然充满内心的敬意。十多年前，我作为《环球时报》记者对他进行过专访，他的极简主义，将理论用非常简单主义、线条型、线性的思维告诉大家，令人印象非常深刻。

二、点评演讲

图 2　吴晓求教授作点评演讲

吴晓求：美国应该要正视中国的崛起！

吴晓求：我今天花了两个小时的时间把米尔斯海默教授的两本书读完了。一本是《大国政治的悲剧》，另一本是《大幻灭》。有人把他概括成一个进攻型的现实主义者，我不认为这个概括是准确的，我认为他是一个理性的现实主义者。他对国际问题的看法没有幻想，没有自我演绎，比较客观，一些结论似乎是基于历史演变得出的理性判断。我一直提倡基于历史和现实的理性思考。

图 3　王文院长主持对话

米尔斯海默教授得出的结论是中国和美国无法避免大国政治的悲剧。悲剧是什么意思？就是当一个崛起的新兴大国和一个守成大国存在严重冲突的时候，会出现许多悲剧事件。米尔斯海默教授认为中国和平崛起是非常困难的，因为守成大国不允许新兴大国的和平崛起，守成大国会采取包括战争在内的一系列的手段来遏制一个新兴大国的崛起，如果事实果真如此，从人类的理性思考角度看，这的确是悲剧，是人类的苦难。从理想的角度看，大国的更替需要和平，但大国崛起的历史往往都伴随着战争和苦难。所以米尔斯海默教授的严谨也是基于守成大国的利益角度来展开分析的。在他的分析框架里，利益诉求是逻辑的起点，同时，也考虑了资源和财富以及全球的影响力和全球权力的配置。

米尔斯海默教授作为学者是严谨的，在他的研究中将五个假设揉在一起后，会出现三种行为，最终产生两种目的。做研究无论是人文社会科学还是自然科学，都要作假定，因为没有假定，就没有约束条件，变量会很多，研究是无法进行的。他的研究具有某种数理思维。

米尔斯海默教授用“霸权”形容亚洲的中国。美国应该正视中国的崛起，中国对亚洲有重大贡献，我们希望与亚洲共繁荣、共发展。美国要正确看待中国的发展对全球所带来的影响。如果以某国达到美国经济规模的60%被视为威胁的标志，那么无疑中国已经成为美国眼中的“威胁”。中国的经济规模虽然已经超过了美国经济规模的60%，但人均GDP只有9000美元，还处在中等收入国家水平，离美国人均GDP 6万美元还非常遥远。即使按照党的十九大报告中所述，2050年把中国建设成为社会主义现代化强国，中国的GDP总量那时肯定会超过美国，但人均GDP仍然难以达到6万美元。在当下，中国经济下行压力很大，国内需求不足，我们的首要任务是解决国内问题，即保持经济的持续稳定增长、解决贫富差距、帮助一部分人脱贫、解决环境污染、消除腐败等一系列问题。中国有14亿人，要解决的问题非常多，我们并没有对外扩张的欲望，中国更不是一个扩张性的国家。

最后，我简要说一下中美关系。中美关系是全球最重要的双边关系，是一个守成大国和一个新兴大国的关系。习近平总书记曾说过，太平洋足够大，足够容纳中美两个国家的发展。我们倡导的是“和平、共享、共赢”的理念，国家之间的关系不要过分地被利益所驱逐、所驱动。如果仅仅为了利益就发动战争，我不认为这是人类文明的表现。人有信念、理想和规则意识，规则一旦制定，我们就要执行，而信仰则是人类活动的一个更高的指导原则。所以，在处理中美关系的问题上，我们可以创造一个新的模式。作为一名中国学者，我希望中国能和平崛起，我们要采取一切手段避免战争和灾难。米尔斯海默教授专门谈到理论的作用，我希望中国政治学界的学者们能为中国的崛起寻找新的理论架构和理论解释。中国的政治学界、国际政治学界应该担起这样的责任，探求新时期如何能够使一个国家在不出现所谓的“悲剧”的状况下崛起。

中华文化源远流长，中国从唐宋之后的近千年来进入了漫长的社会低迷期。历史的车轮滚滚向前，今天的中国终于开始有崛起的希望，这个历史的趋势谁都阻挡不了，无论你用什么方法去遏制中国，中国的崛起是必然的。中美贸易摩擦，包括科技战这些措施，我们可以选择用谈判的方式去化解冲突和矛盾。前进的道路上困难重重，要有足够的心理准备以及足够的手段去应付它，我们要做的一个重要事情就是让中国的崛起能够减少世界的担忧，让世界都能够理解，中国的发展能给这个世界带来新的变化、新的预期、新的福音。

王文：吴教授用“历史的严谨主义”反驳和回应了米尔斯海默教授讲的“历史规律主义”。什么叫“历史规律主义”？米尔斯海默教授所有的依据都是建立于历史的美国或者历史上一些大国的经验。从吴老师刚才的演讲中，我得到的最大受益是，吴老师一直相信，也是一种学者的积极的信仰，就是认为文明是在进步的，不能拿历史上的规律来印证未来有可能发展的可能性。所以，我觉得这确实有种非常温柔的针尖对麦芒的感觉。我在大家要提问之前，先向米尔斯海默教授提一个简单的问题：“您觉得刚才吴老师讲的有道理吗？”

约翰·米尔斯海默：我同意刚才吴教授所说的一部分观点。

三、观众提问

观众一：很多中国学生去美国学习，他们交的学费给美国的财政贡献了很多。其实中美两国有很多利益的共同点可以去合作，对吗？

约翰·米尔斯海默：中国和美国有很多共同利益，应该有更好的合作和协作，比如说在气候变化问题上、军售控制方面等应该有更多的一

图4　约翰·米尔斯海默教授讲座现场

致意见。中美两国之间肯定有竞争也有合作。如我们刚才讨论的大国政治的悲剧，我也希望没有这种悲剧，但我的理论告诉我，两个国家之间还是会有非常激烈的安全竞争。

观众二：您如何看待新中国成立70周年的国庆阅兵中关于军事力量的展示？美国会如何应对？

约翰·米尔斯海默：很明显，中国在给美国发出信号，中国是很厉害的，如果你要欺负中国，中国不采取行动那是不可能的。我的看法是，中国大规模地展示自己的军事能力并不是一个很明智的做法，中国应该继续保持高速增长而不是给美国发出这样的军事信号，中国肯定不想现在就在台湾海峡打仗。

吴晓求：强大的军事实力也是中国保护自己利益的必要手段，要想别人不欺负你，自己必须强大起来。清朝的财富占全球的比重比今天的美国占全球的比重不会低，但甲午战争还是战败了。这与清朝的经济实力没有太大关系，与当时腐朽的制度和软弱的军事力量密切相关。我们要吸取历史的教训，如果只是GDP达到多少万亿元，但军事上非常落后，保家卫国是完成不了的。所以，我们在共和国建国 70 周年阅兵时展现了很多先进的武器，是想告诉世界，中国的军事力量是强大的，这种强大是一种防御性的威慑力量，而不是进攻性的威慑力量。

观众三：关于中国和美国在中东的角色，中国超过 40% 的能源都是从中东进口的。将来我们是不是会看到中国在中东扮演一个更加突出、更加重要的角色呢？

约翰·米尔斯海默：波斯湾出产石油，中国现在很多石油都是从中东进口的，中国对于扩散自己的影响力是非常有兴趣的，我觉得中国会深度地参与到波斯湾的政治事务中。但美国不会放弃波斯湾，在未来十到二十年，甚至三十年，我认为中美会首先在东亚、然后在波斯湾有军事方面的竞争。

观众四：这个财年美国的债务已经超过了 1 万亿美元（注：提问者表述不够精准，实际美国债务应为 22.7 万亿美元），特朗普总统每天都说他要想一想如何去偿还每天 20 亿美元的利息。您觉得美国的经济是不是会为自己在全球的力量和利益蒙上阴影呢？

约翰·米尔斯海默：很多人说债务问题最终会给美国带来的巨大麻烦，我们不可能再有钱去发展军事力量了。然而事实是美国的债务问题并没有阻止美国在军事上以及其他方面的发展。

吴晓求：美国债务可不只是 1 万亿美元，是 22.7 万亿美元，2019 财年美国国家债务总额新增 1.2 万亿美元。目前，美国国债的余额已经达到了美国 GDP 的 106%，对美国来说这是一个非常沉重的压力。美国国债的收益率，三个月大概在 2.35%，十年期的国债收益率最近跌破了短期国债收益率，从经济学上说，这是经济金融危机到来的前兆。截至 2019 年 8 月底，中国持有美国国债规模为 1.1035 万亿美元，我们非常担忧我们资产的安全性，因为特朗普政府的信用令人怀疑。

观众五：从您今天的演讲来看，我们可以体会到中国在极力保持一种和平的态度，但是西方国家却极力要把我们往一种新冷战的思维上去推。在今天的世界里，美苏关系和中美关系是完全不同的，因为美苏世界是两极分化的，两个世界互不来往。但在今天中美关系当中，我们有很强的相互依赖性，您是怎么看待这个问题的呢？

约翰·米尔斯海默：毫无疑问，中美与美苏的情况是完全不一样的。冷战时代的两极世界已经让位于目前正在形成的一种多极体系。现在的美国和中国在经济上的互相依赖度是非常高的，所以这两个国家不太可能会打仗。还有中国和日本、中国和韩国，由于经济上的互相依赖，所以不太可能会发生战争。但是，经济上的依赖未必能完全避免战争。现在特朗普对中国还有其他国家挑起了贸易摩擦，如果贸易摩擦继续下去，国家之间经济上的互相依赖度就会降低。

吴晓求：中美关系和美苏关系是有重大差别的。我始终不认为中美关系会回到美苏关系那种极其严峻、即将爆发战争的冷战状态。美苏除了竞争世界的霸主之外，就没有什么关系了。我认为，中美关系更多是一种合作的关系，两国之间交往频繁，无论是人员往来还是教育、贸易、资本流动，都进行着非常密切的关系，中美两国真的具备合作的基础。

观众六：大国之间会不会通过其他方式，比如说像威胁、恐吓这样的方式来达到各自的目的？

约翰·米尔斯海默：美国如何预测未来中国的目的或者意图？美国无法知晓，所以美国必须要假设中国可能对其“图谋不轨”，中国可能也会假设美国对中国图谋不轨。因为如果美国不这么做，美国就可能会面临很大的麻烦。大国都会使用它们的军事力量和经济资源去威胁、恐吓其他国家。美国一直都用这样的方式来强迫其他国家按照美国的意愿行事。如果中国希望其他国家能够按照中国的意图去行事，符合中国利益，那么这就是使用强制手段的意义。

吴晓求：我的确希望我的国家发展起来、发达起来，这是毫无疑问的。中国绝不会在强大之后欺凌小国，欺凌弱国。我们希望建立一个分工协作、相互尊重、互利互赢的合作伙伴关系。作为一个学者，我的体会告诉我，中国人不喜欢打仗，当然也不怕打仗。中国人民的希望就是过上安定的生活。

主持人王文：最近我出国讲课时经常提到，中国人一直很努力想避免与美国人的悲剧。举两个例子：第一，特朗普总统每天都在发 Twitter 评论中国，而习近平主席从来不点评中美贸易摩擦，因为我们太忙了，无暇顾及公开去和他争论。第二，在特朗普的演讲稿中最多的关键词是“I”“我”，而习近平主席的演讲稿里多是“We”“我们”。这两个例子都体现了中国人很努力想去避免中美之间的悲剧。

这场对话，更印证了米尔斯海默教授是非常聪明的人，因为他像警钟和啄木鸟一样警惕着中美不要出现那样的悲剧。假设中美之间真的有悲剧了，米尔斯海默教授会说，你看我的预测是对的；如果中美两国之间没有悲剧，他也可以说，你看我的预警也是对的！所以，一个伟大的学者和理论家就在于他永远都是正确的！

最后，我们用最热烈的掌声感谢两位教授，今天的对话到此结束，谢谢！

对话嘉宾简介

主讲嘉宾

约翰·米尔斯海默（John J. Mearsheimer）：约翰·米尔斯海默（John J. Mearsheimer），美国芝加哥大学“温得尔·哈里森杰出贡献”政治学教授、国际安全政策项目主任，美国艺术与科学学院院士，著名国际关系理论家。《纽约时报》《新共和》《大西洋月刊》的特约撰稿人，“进攻性现实主义”国际关系理论创立者。著有《大国政治的悲剧》《大幻灭：自由主义之梦与国际现实主义》等。

谢尔盖·格拉济耶夫对话吴晓求：

中俄等国能否打造一个不受美国制约的国际经济新秩序?

2019 年 12 月 27 日，由中国人民大学重阳金融研究院（人大重阳）主办、中国人民大学重阳金融研究院中俄人文交流研究中心承办的重阳论坛第 46 期在京召开，中国人民大学副校长、著名金融学家吴晓求对话欧亚经济委员会一体化和宏观经济部部长、俄罗斯科学院院士、原俄罗斯总统普京经济顾问谢尔盖·格拉济耶夫（Sergey Glaziev），两位顶

图 1　谢尔盖·格拉济耶夫先生讲座现场

级金融学家就"'一带一盟'对接：构建世界经济新秩序"展开精彩对话，现场座无虚席，气氛热烈。对话由人大重阳执行院长、中美人文交流研究中心执行主任王文院长主持。以下为论坛实录。

王文：今天既是格拉济耶夫先生的中文新书《最后一场世界大战——美国挑起与输掉的战争》的发布会，也是与吴晓求教授的对话会，又是中俄两位顶级经济和金融思想家的一次交锋和对话。吴晓求校长是令人仰慕的金融学家，格拉济耶夫先生不仅是俄罗斯重要的政府官员，也是令人敬仰的学者，还曾担任过普京总统的经济顾问。我们首先用掌声感谢两位思想家到现场。接下来请世界知识出版社有限公司章少红总编辑致辞。

章少红：我今天在这里要向大家推荐由我们世界知识出版社出版的俄罗斯著名学者格拉济耶夫先生的一本重要著作，就是《最后一场世界大战——美国挑起与输掉的战争》，关于这本书的详细内容，稍后将由格拉济耶夫先生作精彩介绍，我这里想表达两层意思。

第一，长期以来，在中国我们经常听到的更多的是西方国家的理论，比如文明冲突论、历史终结论、修昔底德陷阱等。但除了西方，还有俄罗斯这样伟大的国家，它们的观点也是非常重要的。就像格拉济耶夫先生这样，不光对这个世界有自己独到的看法，也有自己深刻的理论，比如他的"经济增长周期理论"。所以，我们国家还要了解西方以外的理论，这样我们对世界的看法才会更加平衡、客观和精准。

第二，今年是中俄建交70年，我们现在已经确立了"新时代全面战略协作伙伴关系"，中俄之间的这个关系是经过70年的风风雨雨，经过结盟和对抗的跌宕起伏的过程后才得以确立的，我认为这个关系是高度成熟的关系，是值得我们珍视的共同财产。这个关系不仅仅是官方的关系，还特别需要包括媒体、智库、学界，当然也包括经济、科技、文化各方面的关系来对它进行夯实。我想在这里说的是，我们现在出版的这本书，包括格拉济耶夫和吴晓求先生的对话都是对这种关系的深刻夯实，这是我们应该继续努力的方向。世界知识出版社出版了这本书，我觉得这是一个可喜的开端，今后我们愿意在这方面继续多做一些工作。特别感谢王文院长信任我们，并介绍这本书让我们出版。谢谢大家！

一、主旨演讲

谢尔盖·格拉济耶夫：这是一本谈论世界政治、经济重要进程的书。西方的一个特点就是不确定性，有时候在它的经济增速逐渐放慢的过程中爆发了冲突，这些都会给全球经济带来不良影响。四年前我出版了这本俄文书，不仅谈到了美国的贸易战，也提及了中国在经济方面的发展和进程，那时候还没有“贸易战”的提法，所有这些问题本身就具有不可预见性。我们通过“经济增长周期理论”去观测和研判这些进程，通过观察全球范围内经济长周期的发展规律，基于现实问题去研判未来发生的一些趋势。我们也得出一个结论，如何抵御全球经济和政治方面的负面因素，即全球稳定性，特别是经济稳定性受到负面波动，

图 2　谢尔盖·格拉济耶夫先生在人大重阳论坛作主旨演讲

比如油价的动荡。当然，也出现了很多经济奇迹，比如在中国、东南亚等，而在美国和欧洲一些地区经济是有下降的，这些现象都可以用书中提到的“经济增长周期理论”问题来解释。下面我将用五个以能源命名的技术范式周期，来解释这个理论。

第一个技术范式周期是18世纪末出现了机械化的纺织技术。

第二个技术范式的是基于蒸汽机的出现。

第三个技术周期是由于出现了发电机。

第四个技术周期则是由于出现了内燃机。

第五个技术周期是基于微电子技术。今天的技术革命则是基于纳米、生物、信息通信和IT技术，它们给经济带来了很多新的增长因子。根据这个经济技术范式可以预测俄罗斯未来20年经济发展的范式，当然在技术范式之间也会出现所谓的经济衰落。因为旧的生产资本不能立马被替换，新技术也不能立刻应用到生产中，所以就会出现一些经济上的衰落，甚至是泡沫，并促使新的技术范式生成，推动新一轮技术的发展。正如我们近十年所观测到的，很多发达国家也出现了经济衰退。然而，如果这些国家能够不断完善投资环境，合理运用经济资源，就能够实现经济的发展。中国就是一个成功案例，通过利用高新技术，中国实现了经济突破，印度和东盟国家也正在形成新的经济增长中心。

这种技术范式的更替总是和军备竞赛相联系的，因为西方自由主义模式不可能保障经济持续增长，所以这些西方国家通过将资金投入军备竞赛当中，从而促使技术的发展。美苏之间的军备竞赛就是典型的案例。但是，当前以军备竞赛为手段的经济推动因素方式已经失效，因为新的技术范式主要是在人文领域催生出来的，甚至已经过渡到了教育、健康医疗、信息科学，这些领域已经占据了发达国家GDP的一半以上。美国已经基本退出所有战略性武器协议，并开始了新一轮的军备投入。

该理论也适用于对世界大战的研究，100年前，英国试图通过一战来维护帝国地位，当时的俄罗斯帝国希望通过战略手段消灭奥斯曼帝国，后来又发生了二战。两次世界大战的原因何在呢？大家已经习惯于通过战略手段获得全球霸主地位，而生产、经济、资本的管控等构建的基础都是人与人之间的相互关系。每一种治理体系都有自己的临界点，一旦超越就会出现一些问题。

美国通过跨国集团的发展推广自己的经济和资本管控模式，去维持自己在经济上的增长，并提出了自己的帝国主义模式方案。当然，不同的模式之间是有争斗的。殖民模式通过榨取人的价值获得资本优势，而美国通过资源掠取已成为世界霸主。中国已经30年位居世界经济发展增速的首位，因为中国经济发展模式相对苏联和美国更为有效。我们把这种新的世界经济范式称作“一体化的经济范式”，因为管理体系的核心是一体化，即通过同一国家任务凝聚社会资源，提高经济竞争力。只有把资本、知识、劳动力联合在一起，开展国与国的合作，才能保证共同福利的发展。

中国的一体化政策和帝国经济政策存在根本区别。美国提出的国际自由主义的华盛顿共识政策是以牺牲别国内部安全为代价的。而新的经济范式主要是一种社会主义的思想，社会主义思潮在管控着经济的发展，它结合了国家的宏观调控和私营企业的利益。新原则下的国际合作范式就是欧亚经济联盟和“一带一路”倡议的对接，我们的主要目的不是不惜一切代价换取经济的自由，也不是消除国家之间的边界，而是整合相互的优势资源，进行共同投资，形成新的经济增长动因。道德原则也是世界经济秩序一体化的主要特征，即生态环境、社会公平和透明化。

我们是二战的获胜方，习近平主席总是与我们一起共同庆祝反法西斯战争胜利，因为大家都明白，这是关系到全球的，对我们都有重大意义。我们下面要做的是什么呢？就是预防这样一场新型大战的形成，不同于以往的热战，新型战争具有混合性特性，涉及能源、金融、贸易和货币等领域。

中国和俄罗斯现在都有非常好的国际性的稳定系统体系，但也存在一些问题。可以通过两国间的金融合作来完善我们的金融体系，包括金砖国家、上海合作组织等都具有积极的现实意义。当前，我们也应该在信息安全空间方面进行合作。最后，我们应该在欧亚地区建立一个自己的金融体系，在自己的框架下管控自己的资本，保证所有国家的平等，在尊重法律情况下，使所有的国家都拥有货币权利。今天我们提出了连接欧亚空间的一些线路，这些线路的连通可以让我们更好地实现欧亚经济联盟和“一带一路”倡议的对接。

最后我想说的是，问题的规模之所以这么大，它是有很多原因的。尽管中国经济取得了很大的成就，但是在市场上的资本化方面却与美国、欧洲存在较大差距。美国、英国、日本、瑞士的市场资本化在一定程度上促使世界经济泡沫形成。所以，当前美国通过把世界货币私有化实现发展，我们应该让它感受到威胁，缩小它们的发展空间。

二、点评演讲

吴晓求：中国人民大学曾经和苏联有着密切的关系。在 1949 年建立中华人民共和国之初，党和政府决定建一所可以与当时的苏联即现在的俄罗斯莫斯科大学相媲美的大学。中国人民大学当时想参照莫斯科大学来建设。为了建设中国人民大学，国家专门建了一个友谊宾馆，主要用于接待援建中国人民大学的苏联专家，就在中国人民大学南侧。新中国成立的时候，中国还是很贫穷的，但要拿出全国 1/5 的教育经费来建设中国人民大学，这在当时是一个雄心勃勃的计划。后来因为“抗美援朝”，财政有困难。不然的话，今天中国人民大学的校园会是非常大的。

图 3　吴晓求教授作点评演讲

在相当长时期里，中国人民大学在中国都是排名第一的大学。那时候的清华、北大的排名是在中国人民大学之后的，差不多在近二十年时间里有“人北清师”一说，人大排在第一位。现在，社会上通常把人大排在第三位。当时中国人民大学大量的教材都是翻译苏联的教材，很多苏联的著名学者都曾来到中国人民大学进行教学。1978 年，中国开始进行改革开放，中国人民大学也开始转型，探索与改革开放相适应的中国经济发展模式和中国高等教育办学道路。这段历史说明，中国人民大学与过去的苏联今天的俄罗斯联邦有着密切的关系。

格拉济耶夫先生的报告非常有理论深度。他首先讲到了经济的长周期。经济长周期在他的研究里，主要是技术推动的，大概每隔 40 ~ 50 年全球经济就会进入新的发展阶段。从大概 1770 年前后的纺织机开始，到 1830 年蒸汽机催生了工业革命。一直到 2020 年，由于 AI、信息技术、互联网等技术推动新一轮经济增长，格拉济耶夫先生把这个大的背景讲得非常清楚。全球经济增长的长周期，当然是由技术革命引起的，没有技术革命就不会有经济的长周期。人类社会最近 400 多年来发生了多次重大技术革命，经济发展呈现出蓬勃发展的趋势。这实际是在提醒我们，要让经济进入新的发展阶段，科学技术的进步、新技术的应用、技术的革命是非常重要的。没有这些，一个国家的经济将不会有革命性的变化。这是他谈的第一个方面的重要内容。

格拉济耶夫先生谈的第二个重要的内容是，长周期中各国及全球经济增长范式。海上贸易霸权时代，荷兰曾经在一个时期称霸全球，所以，在 17 到 18 世纪，荷兰控制了海上贸易，成为当时很强大的国家。当然，后来英国崛起了，英国崛起也是通过控制海上贸易，更重要的是英国的工业革命，使得英国开始掀起近代以来第一次现代化进程，可以概括为英国殖民主义时代。的确，那个时代英国的地盘无与伦比地大，甚至包括今天大部分的美国、加拿大、澳大利亚等国家。

后来进入美国和苏联共同发展的时代。一个时期以来，苏联是我们学习的榜样。在 20 世纪 50 年代，苏联的工业非常发达，而中国非常贫穷，我们以前以苏联为榜样来建设我们的国家，包括经济制度、经济政策、经济发展模式。我们的经济理论基本上都在学苏联，新中国成立初期，经济也的确得到了很快的发展。后来苏联解体了。俄罗斯作为苏联的主体部分，之后也进行了重大改革。在中国的学界，对俄罗斯的市场化改革有不同的评价，因为它采取的是非常激进的、被称为“休克疗法”式的改革。对于这种改革，中国学界亦有不同的评价。俄罗斯的改革和中国的改革方式不一样。中国的改革是渐进式的、市场化改革，俄罗斯走的是“休克疗法”式的、激进的、一步到位的市场化改革。

当然，在这个过程中，我们也看到俄罗斯经济出现了某种衰退，金融体系受到了很大冲击，特别是 1998 年金融危机，俄罗斯受损巨大，金融体系和货币都受到了很大冲击。但我还是确信，走市场化道路是俄罗斯改革的正确方向，苏联模式是走不下去的。

格拉济耶夫先生也谈到了进入 21 世纪之后，俄罗斯采用的“一体化模式”。我猜想这个一体化模式更多的是指中国模式。中国模式开始发挥重要作用，中国范式引起了他们的注意。格拉济耶夫先生对中国范式给予了很高的评价，认为这是有别于传统苏联模式，以及美国“自由经济模式”的第三条道路，而且他认为，这第三条道路是一种成功的探索。虽然他对此没有展开，但我猜想，这第三条道路和第三个模式，其核心是正确处理了政府和市场的关系：一方面让市场充分发挥作用；另一方面也发挥了政府应有的校正作用，校正市场有可能失败的作用。我认为，这正是中国范式的基本点。

正如刚才所说，俄罗斯虽然采取了“休克疗法”的改革模式，但其市场化本身的方向没有错，我不认为苏联那种计划经济模式可以再坚持下去。1978 中国开始进行改革开放，就是抛弃了苏联那一整套经济理论和经济发展模式。我们开创了一条符合中国国情的社会主义市场经济道路，因为原来苏联体系和模式没有解决中国的问题。到 1978 年，中华人民共和国成立将近 30 年，我们的温饱问题还没有彻底解决。经过 30 年探索的一个体制，如果还不能让老百姓吃饱饭，这个体制就不能坚持，就必须抛弃。我们要选择能够让老百姓吃饱饭，同时能让中国慢慢富裕强大起来的体制。所以，党的十一届三中全会确立了正确的发展道路和指导思想，就是“解放思想，实事求是，以经济建设为中心，推动改革开放，走市场经济道路”。这是 40 多年前我们确立的改革开放的基本思路和原则。经过 40 多年的探索，我们不断完善中国范式，虽然其间走了一些弯路，但在不断校正。

我们过去有个优点，认为错的东西会很快修正过来，不断地寻找正确的方向。到现在为止，中国找到了发展中国的正确道路和模式——“有中国特色的社会主义市场经济道路”。这个词的实际内容非常丰富，核心首先是要走市场经济道路，没有市场经济，中国不可能有今天；同时，又要有社会主义特征，政府要发挥必要的作用。“华盛顿共识”那样一种完全自由主义理念不适合中国，过去苏联时代的计划经济模式同样不适合中国。我们必须找到第三条道路。

中国范式里除了正确处理政府和市场的关系，还有一个特别重要的是，地方政府成为经济发展的重要推动者。中国的地方政府在过去相当长时期里，都把工作的重点放在如何发展经济上。招商引资成了那个时期地方政府的重要工作。当然，中国还进行了其他探索，包括建立“特区”。特区是个典型的案例，中国的沿海有十几个特区，应该说都相当成功，其中最成功的是深圳特区。深圳特区是中国经济最具有活力的地区，产业结构成功转型，深圳市的经济规模在全世界经济体中的排名应该在第 15 位左右，它有无与伦比强大的生命力，地方政府起了特别重要的作用。

40 多年来，中国人解放了思想，没有被思想所束缚。过去中国很落后，在长达几百年的历史中都是非常贫困的。贫困的一个特别重要的原因，是我们的思想受到严重的约束和禁锢，身上背负着特别大的精神枷锁。我们不敢解放思想，不敢创新，不敢越雷池一步。如果问中国成就最重要的原因在哪里，我认为，来自解放思想。邓小平同志倡导的解放思想、实事求是，是中国发展的经典，使中国创造力得到了无与伦比的焕发。40 多年前我们根本无法想象中国会有华为这样的企业。世界上没有一个企业能顶得住美国政府的压力，华为做到了。以一家企业，当然背后有中国社会强大的支持，成为完全抵抗住美国政府以国家权力来施压一个企业的成功范例。这是中国改革开放 40 多年来的一个缩影。华为具有无与伦比的竞争力，比若干所大学加起来的竞争力都要强。它拥有 600 名数学家、400 名物理学家、300 名化学家，这些都是非常著名的科学家。华为是中国改革开放的缩影。或许这也是我们可以和其他国家分享的一个经验：一个民族、一个国家想要兴旺发达，必须要让所有的人都有积极性，所有的人都有创造性，所有的人都有预期，所有的人都有梦想。如果这样，这个国家一定会有希望。

20世纪80年代，我是中国人民大学的研究生。这是中国非常辉煌的时代，富有理想和创造力的时代。虽然当时经济上很贫穷，但思想开放了，如同冲破黑暗的曙光。我们每个人都在想如何振兴中华，让中国成为现代化的国家。中国很幸运，有了那个思想解放的80年代，它孕育了一代中华民族的脊梁。刚才格拉济耶夫先生所说的中国范式，其中包含了这些核心元素。作为中国学者，再把俄罗斯学者的理解加在一起，对中国范式的理解将会更加丰满。最后他还说了一些特别重要的问题。他的学术面非常宽，从“经济增长周期理论”到经济发展模式，再到货币金融，一般学者很难跨越这么大的空间。一个周期理论就够一个人研究一生的，还有经济发展模式，作为比较经济制度学，也是非常困难的一个研究领域。货币和金融更加复杂，他提出一个重要问题：要突破美国的封锁，必须在金融领域有所突破。

格拉济耶夫先生在这里用了“市场的资本化”这个概念。我理解，可能是指货币的国际化。他所说的“市场的资本化”中国指数是889，美国是12731。就资本的市场化程度看，中国和美国没有这么大的差别。就货币的市场化而言，人民币和美元在全球的影响力，包括货物贸易结算、价值储备手段等，可能有这么大的差距。中国还包括台湾、香港和澳门，如果中国大陆加上台湾、香港和澳门，加起来可能有2000多的指数。

现在，中国正在推进人民币国际化。中国已经意识到，我们在很大程度上受制于美元的国际化。在中美贸易摩擦问题上，这也始终是我的一个担忧。的确，美元结算在全球占据了65%左右的份额，通过SWIFT美元结算体系，主导了全球贸易结算市场。如果美国把这个结算体系关掉，全球贸易会遭受重创。所以，伊朗核协议危机之后，美国要制裁伊朗，就是通过SWIFT制裁伊朗的贸易伙伴。最近，法国、德国、意大利建了一个“欧洲版的SWIFT”，通过欧元来结算。后来又有6个北欧、南欧国家加入，形成了欧洲最重要的国家都加入的欧洲结算系统，通过它与伊朗进行石油贸易。

中国必须要构建自己的国际贸易结算体系，这是非常重要的。要构建中国的国际贸易结算体系，必须让人民币国际化。从国际化、自由化方向看，人民币还达不到卢布的自由化程度，因为人民币还不能完全自由交易。我们应该大踏步地推进人民币自由化和国际化，这对构建一个中国国际贸易安全网络结算体系至关重要。

虽然中国人民银行与相关国的央行进行了数量巨大的货币互换，货币互换有利于形成人民币结算体系，但是人民币没有市场化是不行的。格拉济耶夫先生也看到了问题所在。我们希望中国和俄罗斯，以及其他国家在“一带一路”和亚欧经济联盟框架和体系下，构建一个不受美元约束的全球货币结算体系，这是中国当然也是俄罗斯面临的一个特别重要的任务。

中国和俄罗斯面临共同的发展任务和相同的国际环境诉求。所以，我们两个国家应相互支持、相互学习、相互借鉴。过去相当长时期里中国学习苏联和俄罗斯的经验，当然今天俄罗斯仍然有很多方面值得中国去学习。这两个国家的合作，对于维护世界稳定具有非常重要的作用。谢谢大家!

三、观众提问

观众一：中俄两国推动“一带一路”倡议和欧亚经济联盟的合作，有可能构建一个独立于美国的世界经济新秩序吗？如果能够，范畴到底有多大？如果不能，中俄致力于构建的世界新秩序应该是什么样的呢？

谢尔盖·格拉济耶夫：我们说的美帝国主义通常是美国统治精英阶层，不是普通群众，核心是金融寡头，这种金融寡头制度不仅损害了美国利益，也危害了世界的稳定。美国存在很多不平等问题，居民工资已经20年没增长，这已经证明了美国体系的无效性。因此，终止美国的霸权主义，就要在国际货币结算和储备体系中适当控制美元的比重。俄罗斯采取西方自由化改革，国内金融体系出现了很多问题，如投机倒把猖獗。因此，“一带一盟”对接需要构建金融体系。

吴晓求：首先，我们应该高度重视美国。我希望全球都应该合作而不是对抗，不是陷入几大阵营体系中。希望按照各自规律来治理好各自的国家。国与国之间相互平等、相互尊重非常重要。

美国现在有认识上的误区，当然它也有优势。误区在于，总觉得自己一个人可以打败世界上所有的人，这是一种严重的认识误区。所以，美国跟谁都对着干，这会加速其衰落的速度。“美国优先”是非常自私的政策。世界上没有任何一个国家可以凌驾于他国之上，我们不可能接受凌驾于我们之上的任何政策。所以，中美贸易谈判是有底线的，我们可以做公平的贸易，多买一些美国的大豆，因为我们也要消耗大豆。但是不能凌驾于我们之上，这是我们的基本底线。

美国的优势在于80%的科技在全球都是领先的。我们必须要在技术上追赶。中国当前只是在有限几个领域超过美国，在多数领域，美国技术还是领先的。

美元的霸权是其横行的基础。美国之所以横行霸道虽然也在于航空母舰，13个航空母舰集群是很厉害的，但更厉害的是美元的国际货币地位，全世界都认美元。我们必须要改革现行国际货币体系，人民币应该成为国际货币体系中的重要一员，人民币也有这个能力。在不久的将来，人民币完全可能和欧元相提并论，但在50年之内替代美元的可能性很低，美元仍然是全球未来相当长时间最重要的国际货币。因此，在不损害中国主权、尊严和国家利益的前提下，我们可以跟美国谈判，可以合作，我们不会主动与美国为敌。大多数中国人也持这样的看法，我们希望世界和平。当然，我们更希望和俄罗斯保持友好关系。俄罗斯有特别丰富的资源，中国的制造业现在是全世界最强大的，但是能源相对短缺，两个国家完全可以互补，共同发展。

观众二：美元的强势逼得人民币和卢布需要采取行动吗？

谢尔盖·格拉济耶夫：普京总统认为美国对外开启的贸易摩擦是一种侵略行为，通过美元施压阻碍中俄经济发展。当前美国的货币市场也出现了问题，差不多5年内美元可能会丧失当前的国际性货币角色和地位。未来，本币结算是中俄很好的选择。人民币很难在短时间内达到美元的作用，但是已取得了一些成就。俄罗斯也在推动卢布的国际化，两国可以以上合组织为框架，通过相互支持推动两国货币，尤其是人民的国际化，这个过程可以是非常快的。

吴晓求：中俄两国绕开美元结算是个思路。美国和中国的贸易摩擦，特朗普总统叫得响，但最终没有进行下去，除了中国有强大的抗压能力，很重要的是，这样下去美国会受到很大损失。如果中国对全球贸易有备份结算系统，美国对我们关闭美元SWIFT结算系统，就是灭敌八百、自伤一千。因为中国市场去美元化会威胁到美国的根基。美国美元离岸市场和本土在岸市场是1∶1。中国2018年国际贸易是30万亿元人民币，约4.6万亿美元，这是非常庞大的规模。4.6万亿美元中，60%~70%左右是用美元结算的，20%的双边贸易是用人民币结算的，还有一些就是欧元、日元等货币结算的。如果损害了美元的地位，美国的根基就动摇了。美国国家强大的根基在于两点：第一是科技。它有N所世界一流大学，培养了规模最庞大的世界一流科技人才，科技始终处在领先地位。第二是美元。这构成了美国的两大支柱。所以，美国要维护美元的支柱，在贸易摩擦中会有所忌讳。

我们近期还是要借助美元结算系统，但另一方面要构建备份。美国是特别自私的国家，个人利益至上，可以置世界上所有国家的利益于不顾。特朗普本身又是言而无信的人，跟这样的政府打交道我们要保持高度警惕，那就要建立备份系统。华为能立于不败之地，也是因为它对任何事情都保持高度警惕，时刻想到最危险的时候，有底线思维。

我们国家应该有这样的底线思维。在最危险的时候，我们要思考如何生存下来，如何发展下去，所以要建立备份系统。这需要我们进行系统改革，要推进金融的开放，才可以建立一个维护中国经济增长和国际贸易结算系统的备份系统。俄罗斯的卢布经过了两次大危机，进行了两次货币改革后，现在进入一个相对稳定的状态。进行人民币和卢布的互换之后，构建双边贸易结算体系是可以探讨的问题。

观众三：中俄西线以及俄欧之间的天然气合作将会以哪种货币结算？

观众四："长周期"理论运用到中国需要注意哪些问题？

观众五：我们是否需要对改革开放前30年经济发展重新定义？

观众六：中美贸易摩擦和中东局势是否是宗教战争的继续？

谢尔盖·格拉济耶夫：俄罗斯天然气储量大，具备向中国供气的能力，中俄天然气合作将会扩大深度和广度，包括亚马尔项目。我们会以技术手段和贸易交易方式对冲西方侵略，美国现在采取的是混合战。至于长周期理论在中国的应用，中国在探索中形成了自己的经济发展规律和经验，迎来了自己的经济发展奇迹，这都是有赖于中国人民辛勤的劳动，同时也丰富了经济发展理论。印度、埃塞俄比亚等国也开始使用融合社会主义模式。

吴晓求：从1949年中华人民共和国成立到1978年，中国进行了非常艰难的探索，探索中国如何走工业化道路、如何让中国富裕起来。当时我们的目标就是赶上苏联、赶上英国、赶上美国，目标非常清楚。这30年，我们做了很多基础性工作。新中国70年是一个整体，不能割裂开来。前30年为后来中国国家安全做了很大的贡献，包括在那么艰苦的环境下，我们制造出原子弹，起到了威慑作用；也有156项工程，这些工程是在苏联的协助下建设的，多数建完了，少数没建完。1949年中国不能造汽车，后来我们能造解放牌汽车。这些都表示，我们的工业化水平在提高。但有个现实要正视，就是老百姓的生活没有改善。

我们必须要找到更适合中国发展的道路。原来的计划经济模式的确不适合中国发展的需要，效率太低了。每个企业都没有创造性，没有积极性，没有活力。经济活动需要每个主体都有活力，每个主体有活力才能创造财富。所以，要让所有的企业和所有的人都有积极性、创造性，这就是市场经济道路。

这40年来，中国发生了翻天覆地的变化，1978年中国人均GDP只有200美元左右，今天我们超过了9000美元。中国14亿人口的温饱问题彻底解决了，中国富裕阶层人数甚至比美国都多。当然，中国贫富差距大是个问题。中国终于走上了符合中国国情的发展道路。我确信这是我们正确的选择，是唯一正确的道路。这一条不能动，这条路一定要走下去，走改革开放、市场经济的道路，对此不能有任何怀疑。

谢尔盖·格拉济耶夫：不同宗教和道路都是不同的选择，“一带一盟”对接是历史的选择。真正的宗教有时不能用言语去解释，苏联和现在有很多宗教在我们的土地上共存，彼此之间也达成了相互尊重的共存原则，去实现宗教间的对话与和谐。

吴晓求：工业革命之后，在相当长时间里，中国并没有享受到工业革命的福利。19世纪初到改革开放之前，中国都非常落后，清政府完全排斥了工业革命。从世界范围看，技术进步是经济长周期的重要因素，对一些国家还需纳入一个新的因素，就是制度因素。如果我们忽略了制度因素，一切都会化为泡影。

当一种制度压抑了个人和企业的积极性时，边际效率会大幅下降，科学技术和工业革命的效益也会大幅下降。中国在相当长时间里没有进入工业化社会，是因为制度的落后。到了1978年，我们进行了改革。我们的改革走的这条道路释放了科技的力量。在这个制度平台上，所有科技的力量、人的积极性、创造性都会充分发挥出来。只有这样，才能解释为什么中国在短短40年能发生如此重大的变化。

主持人王文：感谢各位的到来！中俄关系是人大重阳研究的重要领域。在格拉济耶夫先生的推动下，人大重阳与格拉济耶夫先生的研究团队连续3年合作举办了7场中俄经济对话，推出了5份重要研究报告。在2019年11月29日苏州举行的第七届中俄经济对话中，共同发布了中俄智库的联合研究系列成果《开启亚欧新时代：中俄智库联合研究，两国共同复兴的新增量》（人民出版社出版），主要围绕亚欧空间、“一带一盟”对接、共建“冰上丝绸之路”、中俄经济金融合作、中俄心态认知研究等五个议题展开研究，对深化新时代中俄发展具有重要的指导意义。今天格拉济耶夫先生的著作《最后一次世界大战——美国挑起和输掉的战争》中文版的发布，既是发布会又是中俄顶级经济思想家和金融思想家的一次思想交锋。

对话嘉宾简介

主讲嘉宾

谢尔盖·格拉济耶夫（Sergey Glaziev）：欧亚经济委员会一体化和宏观经济部部长，俄罗斯科学院院士，俄罗斯总统普京原经济顾问。毕业于俄罗斯科学院中央经济数学研究所，经济学博士学位。曾任俄联邦对外经济联络部部长、俄联邦安全委员会经济安全局局长、俄联邦工商会对外经济促进委员会主席、俄罗斯联邦会议国家杜马议员。2008－2012年期间创办了欧亚经济共同体的欧亚关税同盟，后演变为欧亚经济联盟。2012年6月起担任俄罗斯联邦总统顾问。撰写超过200篇论文及学术著作，著有中文书籍《俄罗斯改革教训：自由主义乌托邦的破产与创造“经济奇迹”之路》（2018年，中国社会科学出版社），《最后一场世界大战——美国挑起与输掉的战争》（2019年，世界知识出版社）。

附　录：中国人民大学重阳金融研究院研究成果书系

一、智库新锐作品系列

百年变局．王文、贾晋京、刘玉书、王鹏 著．北京师范大学出版社．2020 年 5 月

数字中国：区块链、智能革命与国家治理的未来．王文、刘玉书 著．中信出版集团．2020 年 3 月

二、智库作品系列

货币主权：金融强国之基石．王文 周洛华 等著．中国金融出版社．2020 年 5 月

开启亚欧新时代：中俄智库联合研究两国共同复兴的新增量．王文、［俄］谢尔盖·格拉济耶夫 主编．人民出版社．2019 年 11 月

大金融时代——走向金融强国之路．王文 贾晋京 卞永祖等 著．人民出版社．2019 年 10 月

中国改革开放 40 年与中国金融学科发展．吴晓求 主编．中国经济出版社．2019 年 9 月

最后一场世界大战．美国挑起与输掉的战争．格拉济耶夫 著．世界知识出版社．2019 年 8 月

强国与富民．中国人民大学重阳金融研究院 主编．中国人民大学出版社．2019 年 8 月

强国长征路：百国调研归来看中华复兴与世界未来．王文 著．中共中央党校出版社．2019 年 7 月

“一带一路”这五年的故事（7 本六大语种）．刘伟 主编．外文出版社．2019 年 4 月

货币起源．周洛华 著．上海财经大学出版社．2019 年 4 月

别误读中国经济．罗思义 著．天津人民出版社．2019 年 2 月

看好中国 英文版．王文 著．英国莱斯出版社．2018 年 11 月

中国改革大趋势．刘伟 主编．人民出版社．2018 年 10 月

造血金融与一带一路：中非发展合作新模式．程诚 著．中国人民大学出版社．2018 年 8 月

新丝路、新格局——全球治理变革的中国智慧．王利明 主编．新世界出版社．2018 年 6 月

富豪政治的悖论与悲喜．陈晨晨 著．世界知识出版社．2018 年 4 月

“一带一路”民心相通．郭业洲 主编．人民出版社．2018 年 1 月

看好中国：一位智库学者的全球演讲．王文 著．人民出版社．2017 年 10 月

风云激荡的世界．何亚非 著．人民出版社．2017 年 10 月

读懂“一带一路”蓝图．刘伟 主编．商务印书馆．2017 年 8 月

金砖国家：新全球化发动机．王文、刘英 著．新世界出版社．2017 年 7 月

全球治理新格局——G20 的中国贡献于未来展望．费伊楠、人大重阳 著．新世界出版社．2017 年 7 月

“一带一路”故事系列丛书（7 本 6 大语种）．刘伟 主编．外文出

版社. 2017 年 5 月

世界新平庸 中国新思虑. 何伟文 著. 科学出版社. 2017 年 5 月

一带一路：中国崛起的天下担当. 王义桅 著. 人民出版社. 2017 年 4 月

在危机中崛起：美国如何实现经济转型. 刘戈 著. 中信出版集团. 2017 年 4 月

绿色金融与"一带一路". 中国人民大学重阳金融研究院、中国人民大学生态金融研究中心 著. 中国金融出版社. 2017 年 4 月

破解中国经济十大难题. 中国人民大学重阳金融研究院 著. 人民出版社. 2017 年 3 月

伐谋：中国智库影响世界之道. 王文 著. 人民出版社. 2016 年 12 月

人民币为什么行. 王文 贾晋京 编著. 中信出版集团. 2016 年 11 月

中国—G20（大型画册）. 中国人民大学重阳金融研究院 著. 五洲传播出版社. 2016 年 8 月

G20 问与答. 中国人民大学重阳金融研究院 著. 五洲传播出版社. 2016 年 8 月

全球治理的中国方案. 辛本健 编著. 机械工业出版社. 2016 年 8 月

"一带一路"国际贸易支点城市研究（英文版）. 中国人民大学重阳金融研究院 著. 新世界出版社. 2016 年 8 月

2016：G20 与中国（英文版）中国人民大学重阳金融研究院 著. 新世界出版社. 2016 年 7 月

世界是通的——"一带一路"的逻辑. 王义桅 著. 商务印书馆. 2016 年 6 月

一盘大棋——中国新命运的解析．罗思义 著．江苏凤凰文艺出版社．2016 年 4 月

美国的焦虑：一位智库学者调研美国手记．王文 著．人民出版社．2016 年 3 月

2016：G20 与中国．中国人民大学重阳金融研究院 著．中信出版集团．2016 年 2 月

“一带一路”国际贸易新格局：“一带一路”智库研究蓝皮书 2015—2016．中国人民大学重阳金融研究院 主编．中信出版集团．2016 年 1 月

G20 与全球治理：G20 智库蓝皮书 2015－2016．中国人民大学重阳金融研究院 主编．中信出版集团．2015 年 12 月

“一带一路”国际贸易支点城市研究．中国人民大学重阳金融研究院 著．中信出版集团．2015 年 12 月

从丝绸之路到欧亚大陆桥．黑尔佳·策普－拉鲁什，威廉· 琼斯 主编．江苏人民出版社．2015 年 10 月

财富新时代——如何激活百姓的钱．王永昌 主笔 & 主编．中国经济出版社．2015 年 7 月

生态金融的发展与未来．陈雨露 主编．人民出版社．2015 年 6 月

构建中国绿色金融体系．绿色金融工作小组 著．中国金融出版社．2015 年 4 月

“一带一路”机遇与挑战．王义桅 著．人民出版社．2015 年 4 月

重塑全球治理——关于全球治理的理论与实践．庞中英 著．中国经济出版社．2015 年 3 月

金融制裁——美国新型全球不对称权力．徐以升 著．中国经济出版社．2015 年 1 月

大金融与综合增长的世界——G20 智库蓝皮书 2014－2015．陈雨露

主编．中国经济出版社．2014 年 11 月

欧亚时代——丝绸之路经济带研究蓝皮书 2014－2015．中国人民大学重阳金融研究院 主编．中国经济出版社．2014 年 10 月

重新发现中国优势．中国人民大学重阳金融研究院 主编．中国经济出版社．2014 年 8 月

谁来治理新世界——关于 G20 的现状与未来．中国人民大学重阳金融研究院 主编．社会科学文献出版社．2014 年 1 月

三、学术作品系列

《“一带一路”大百科》．刘伟 主编 王文 执行 主编．湖北：崇文书局．2019 年 12 月

中国绿色金融发展报告 2019．马中、周月秋、王文 主编．中国金融出版社．2019 年 12 月

轻与重：中国税收负担全景透视．吕冰洋 著．中国金融出版社．2019 年 2 月

中国绿色金融发展报告 2018．马中、周月秋、王文 主编．中国金融出版社．2018 年 7 月

全球视野下的金融学科发展．吴晓求 主编．中国金融出版社．2018 年 5 月

“一带一路”投资绿色标尺．王文、翟永平 主编．人民出版社．2018 年 4 月

“一带一路”投资绿色成本与收益核算．王文、翟永平 主编．人民出版社．2018 年 4 月

中国绿色金融发展报告 2017．马中、周月秋、王文 主编．中国金融出版社．2018 年 1 月

互联网金融风险与监管研究．刘志洋、宋玉颖 著．中国金融出版

社．2017 年 9 月

从万科到阿里——分散股权时代的公司治理．郑志刚 著．北京大学出版社．2017 年 4 月

金融杠杆与宏观经济：全球经验及对中国的启示．中国人民大学重阳金融研究院 著．中国金融出版社．2017 年 4 月

DSGE 宏观金融建模及政策模拟分析．马勇 著．中国金融出版社．2017 年 2 月

金融杠杆水平的适度性研究．朱澄 著．中国金融出版社．2016 年 10 月

金融监管与宏观审慎．马勇 著．中国金融出版社．2016 年 4 月

中国艺术品金融 2015 年度研究报告．庄毓敏、陆华强、黄隽 主编．中国金融出版社．2016 年 3 月

四、金融下午茶系列

有趣的金融．董希淼 著．中信出版集团．2016 年 7 月

插嘴集．刘志勤 著．九州出版社．2016 年 1 月

多嘴集．刘志勤 著．九州出版社．2014 年 7 月

金融是杯下午茶．中国人民大学重阳金融研究院 主编．东方出版社．2014 年 4 月